Barbara Riess

111 Orte in Freiburg, die man gesehen haben muss

111

emons:

Bibliografische Information der Deutschen Nationalbibliothek
Die Deutsche Nationalbibliothek verzeichnet diese Publikation in der Deutschen Nationalbibliografie; detaillierte bibliografische Daten sind im Internet über http://dnb.d-nb.de abrufbar.

MIX
Papier aus verantwortungsvollen Quellen
FSC www.fsc.org
FSC® C083411

Gestaltung: Eva Kraskes, nach einem Konzept von Lübbeke | Naumann | Thoben
Kartografie: altancicek.design, www.altancicek.de
Kartenbasisinformationen aus Openstreetmap,
© OpenStreetMap-Mitwirkende, ODbL
Druck und Bindung: CPI – Clausen & Bosse, Leck
Printed in Germany 2021
Erstausgabe 2014
ISBN 978-3-7408-1073-3
Aktualisierte Neuauflage Februar 2021

Vorwort

Freiburg ist die südlichste Großstadt Deutschlands, Schwarzwaldmetropole und Green City zugleich. Die Lage im Dreiländereck und die Nähe zu Frankreich und der Schweiz garantieren Weltoffenheit. Die Stadt ist reich an Kulturschätzen und zugleich jung, quirlig und eine grüne Ideenschmiede. Besucher aus aller Welt genießen das badische Savoir-vivre: die französisch-mediterran-badisch geprägte Küche, die exzellenten Weine, die direkt vor der Haustür wachsen, die Kultur und die großartige Natur zwischen Schwarzwald und Kaiserstuhl. Viele, die kommen, wollen bleiben, denn an Lebensqualität ist die Stadt kaum zu überbieten. Manch einer stöhnt, nachdem er fast sein ganzes Leben in Freiburg verbracht hat, genüsslich über die »Wohlfühlfalle«.

Attraktionen und Sehenswürdigkeiten drängen sich in Freiburg auf engstem Raum. Obwohl die Stadt auf Expansionskurs ist und alle paar Jahre neue Stadtteile baut, ist es eine kleine Großstadt – in der man manchmal alle paar Meter über einen außergewöhnlichen Ort »stolpert«.

Zu entdecken gibt es ständig Neues. Dieses Buch lädt ein, 111 besondere Orte aufzuspüren oder vermeintlich bekannte mit neuen Augen zu sehen. Wir haben für Sie den Ort am Münster ausfindig gemacht, an dem Ihnen die skurrilste Visage entgegengrient, wir besteigen außergewöhnliche Türme, schauen in finstere Abgründe und gehen auf vergessenen Pfaden. Dabei strecken wir die Fühler immer wieder in die verschiedenen Ortsteile aus und folgen dem verlängerten Arm der Stadt, der bis in den Schwarzwald hinaufreicht. Auch dort gibt es Erstaunliches zu entdecken, das unmittelbar mit der Stadt in Zusammenhang steht.

Jeder Ort hat seine eigene Geschichte, mal ist sie grotesk, mal düster, mal zum Lachen, mal anrührend – aber immer spürt sie einer besonderen, vielleicht unbekannten Facette der Stadt und ihrer Menschen nach.

111 Orte

1 Der Adelhauser Platz
Verborgene Oase | 10

2 Der Alte Friedhof
Auf Kaspar Hausers Spuren | 12

3 Das alte Straßenbahndepot
Stadtrundfahrt im Sputnik | 14

4 Die Alte Uni
Zwischen Studium und Museum | 16

5 Das Arboretum
Gesundheit aus der Baumkrone | 18

6 Die Archäologie der Zukunft
Endstation Tiefgarage | 20

7 Die Bächle
Das große Plätschern | 22

8 Die Bergkirche
Opfingen ganz oben | 24

9 Das Black Forest Hostel
Von Backpackern und Runzmeistern | 26

10 Das Blackforest Warehouse
Einarmige Banditen, Flipper und Rock 'n' Roll | 28

11 Der Borderline-Trail
Ein steiles Vergnügen | 30

12 Der Botanische Garten
Schauen, staunen, chillen | 32

13 Das Chalet Wittmer
Auf den Spuren der Kuckucksuhr | 34

14 Das Colombischlössle
Steinzeit in der Beletage | 36

15 Das Damenbad
Lollo ohne Männer | 38

16 Das Edith-Stein-Zimmer
Rückzugsort Dachkammer | 40

17 Die Eichhalde
Großer Bluff mit großen Meistern | 42

18 Das Engländer-Denkmal
Alptraum am Berg | 44

19__ Das Ensemblehaus
Klang als Erlebnis | 46

20__ Ernst Rapp
Wunder für Wäsche und Wolle | 48

21__ Das Erpeldenkmal
Rettung durch Schnattern | 50

22__ Der Ewige Teiler
Kehrseite der Bächle-Idylle | 52

23__ Die Fahrradzählstation
Wo Freiburg fest im Sattel sitzt | 54

24__ Das Forum Merzhausen
Griff nach Stars und Sternen | 56

25__ Die Freiau
Keimzelle des Häuserkampfs | 58

26__ Der Freiburger Kapellenberg
Wo der Uni-Wein wächst | 60

27__ Die Gartenstadt
Bobbycar auf der Überholspur | 62

28__ Die Gaskugel
Das Wahrzeichen des Westens | 64

29__ Der Geiges-Turm
Kunst im Glashaus | 66

30__ Die Gerichtslaube
Wer sitzt wo, und wer bezahlt die Schulden? | 68

31__ Das Granatgässle
Prunk und Glitzer für alle Welt | 70

32__ Das Haus zum Walfisch
Wo Erasmus und der Horror wohnten | 72

33__ Das Haus zur Häxen
Rittersaal im Schuhgeschäft | 74

34__ Das Heliotrop
Der Dreh mit der Sonne | 76

35__ Der Hildaturm
Ein fürstliches Geschenk | 78

36__ Die historischen Türen
Es lebe die Rumpelkammer | 80

37__ Die Höllentalbahn
Von Hirschen, Gämsen, Raubrittern und Skistöcken | 82

38__ Der Höllentäler
Kalte Füße für den Riesling auf dem Schlossberg | 84

39___ Der Innenhof im Herderbau
Im stählernen Forst | 86

40___ Die Insel im Opfinger See
Trubel über und unter Wasser | 88

41___ Das Jesuitenschloss
In vino sanitas | 90

42___ Der Kanonenspielplatz
Ritterspiele mit Münsterblick | 92

43___ Die Kaufhaus-Passage
Wasserwerfer und Glücksdecke | 94

44___ Das Kesselhaus
Erlebnisparcours mit Hopfen und Malz | 96

45___ Die Kleinodientreppe
Augustinermuseum 2.0 | 98

46___ Der Kommandantengarten
Ort mit Aussicht | 100

47___ Der Konrad-Guenther-Park
Volksküche und der Große Abendsegler | 102

48___ Der Kreuzgang
Die Welt hinter der Scheibe | 104

49___ Der Kuchelgarten
Engelwurz im Paradies | 106

50___ Die Lange Rote
Wo es um die Wurst geht | 108

51___ Der Leopoldstollen
Kalter Hauch der Vergangenheit | 110

52___ Die Liegewiese
Wo Kunst baden geht | 112

53___ Die Lokhalle
Dornröschen wurde wach geküsst | 114

54___ Die Lourdesgrotte
Wallfahrt an der Joggingstrecke | 116

55___ Luitpold Bauer Eisenwaren
Biotop der 1.000 Schrauben | 118

56___ Das Marienbad
So ein Theater! | 120

57___ Der Mathislehof
Ran an den Speck | 122

58___ Das Max-Dortu-Grab
Die Badische Revolution und der Spielplatz | 124

59 Die Mez'schen Gärten
Versunkenes Paradies am Steilhang | 126

60 Der Mundenhof
Ein tierisch gutes Erlebnis | 128

61 Die Münsterbauhütte
Feinarbeit mit Hammer und Meißel | 130

62 Das Museum Natur und Mensch
Fühlen, riechen, hören, staunen | 132

63 Der Musikpavillon
Mathe im Stadtgarten | 134

64 Der Nasendreher
Spötter und Speier | 136

65 Die neun Musen
Asyl zwischen Tür und Treppe | 138

66 Die Nonnengruft
Im Keller eingemauert | 140

67 Das Obere Steingrüble
Wo einst Wollnashörner weideten | 142

68 Der Panzerkreuzer
Das Schlachtschiff der Nachbarn | 144

69 Das Partnerschaftsmosaik
Wo Schönes mit Füßen getreten wird | 146

70 Die Passstraße
Winterglück mit Alpensicht | 148

71 Der Pilz-Bunker
Unterirdische Delikatessen | 150

72 Das Präsenzgässle
Auf Tuchfühlung mit dem Gegenverkehr | 152

73 Der Rehbrunnen
Skandal im Stadtwald | 154

74 Der Roßkopf
Vom Ei zum Windrad | 156

75 Die Rösterei Schwarzwild
Sinnesfreuden im Hinterhof | 158

76 Der Rote Otto
Wenn späte Liebe rostet | 160

77 Der Sandfang
Dolce Vita an der Fischtreppe | 162

78 Die Säule der Toleranz
Der Leuchtturm im Bermudadreieck | 164

79___ Die Schauinslandbahn
Denkmal trifft Hightech | 166

80___ Der schlafende Riese
Trocken schlucken | 168

81___ Der Schlossbergbunker
Refugium für die Katastrophe | 170

82___ Das Schloss Ebnet
Mainfränkische Inspirationen im Breisgau | 172

83___ Die Schwarzwald Couture
Black forest is calling | 174

84___ Der Schwarzwälder Hof
Teekränzchen für die Damen | 176

85___ Die Schwiegermutterbrücke
Wo die Drachen wachen | 178

86___ Das Sonnenobservatorium
Ausflug ins All | 180

87___ Die Spechtpassage
Der Geist von Bundschuh und Jos Fritz | 182

88___ St. Albert
Ein zackiges Experiment | 184

89___ Die St.-Anna-Kapelle
Der Bürgermeister, der Abt und die Auftragskiller | 186

90___ St. Barbara
Tapas und Waldeinsamkeit | 188

91___ Stefans Käsekuchenstand
Mysterium aus Quark und Sahne | 190

92___ Das St.-Lioba-Kloster
Wie die Villa Wohlgemuth zum Kloster wurde | 192

93___ Die St.-Ottilien-Quelle
Erlösung im Wald | 194

94___ Der Synagogenbrunnen
Vom Ringen um würdiges Erinnern | 196

95___ Tango à la gare
Wo die Milonga staubt | 198

96___ Die Täschnerei Eckert
Ein Riemen reißt immer | 200

97___ Das Theater der Immoralisten
Von Hamlet bis Hannelore | 202

98___ Der Turm
Das Wunder aus Stein | 204

99 Das Turmcafé
Es muss nicht immer Abriss sein | 206

100 Das Tusculum
Stiefkind am Schlossberg | 208

101 Die UB-Fassade
Eine blendende Überraschung | 210

102 Der Vergessene Mantel
Erinnerung an ein düsteres Kapitel | 212

103 Die Waldfahrstraße
Halbmarathon von Brünnlein zu Brünnlein | 214

104 Das Waldhaus
Sonntags auf dem Schneidesel | 216

105 Das Waldsee
Sommerfrische in der Stadt | 218

106 Waldtraut vom Mühlwald
Gemany's highest Superstar | 220

107 Das Wasserschlössle
Kulisse als Tarnung | 222

108 Das Weinschlösschen
Betreten erlaubt | 224

109 Der Westhoff-Laden
Wirtschaftswunder an der Brandmauer | 226

110 Die Wetterbuchen
Überleben trotz Kuhmaul | 228

111 Die Wolfshöhle
Vom Elendsviertel zum Edelviertel | 230

1 Der Adelhauser Platz

Verborgene Oase

Gleich um die Ecke tobt der Bär. Schulklassen und Reisegruppen auf Erkundungstour, Erstsemester beim Kneipenstudium. Und dann das. Ein Platz, der vom Trubel vergessen scheint, einfach weil er ein paar Meter abseits der quirligen Altstadtgassen liegt. Glück für den Adelhauser Platz, denn so konnte er sich seinen ganz besonderen Charme bewahren. Selbst der unvermeidliche Gastronomiebetrieb, der zum Entsetzen vieler Freiburger hier eröffnen durfte, stört kaum. Der Adelhauser Platz am Rande der Fischerau ist einer der ältesten in Freiburg. Er vereint alles, was ein Platz so braucht. Ein paar Tauben tippeln über das Kopfsteinpflaster mit den vom Zahn der Zeit glatt gescheuerten Rheinkieseln, der Gänsemännle-Brunnen plätschert, und vier schlichte Holzbänke im Kastanienschatten laden ein, hier in Ruhe die unverfälschte Atmosphäre der Altstadt zu genießen. Auf zwei Seiten wird der Platz von der 1687 erbauten Adelhauser Klosterkirche mit ihrer markanten ochsenblutroten Fassade und von einem Seitenflügel des ehemaligen Klostergebäudes eingerahmt. Der Hauch vergangener Zeiten ist förmlich zu spüren.

Das Adelhauser Neukloster entstand 1687 durch den Zusammenschluss mehrerer Konvente der Dominikanerinnen, deren ursprüngliches Kloster auf Befehl der französischen Besatzer dem gigantischen Befestigungswall weichen musste, den Sébastien Le Prestre de Vauban in Freiburg errichtete. Nach der Säkularisierung war in den Räumen eine Mädchenschule untergebracht. Von 2010 bis 2013 wurde die ehemalige Klosteranlage vorbildlich saniert und restauriert und ist heute Sitz der Stiftungsverwaltung. Die Adelhauser Kirche gehört zur Heilig-Geist-Stiftung. Sie ist eine Filialkirche der Dompfarrei und neben der St.-Ursula-Kirche die einzige Klosterkirche von Freiburg, die den Bombenhagel des Zweiten Weltkriegs relativ glimpflich überstanden hat. Besonders beliebt ist sie für Hochzeiten.

Adresse Adelhauser Straße 29, 79098 Freiburg-Altstadt | ÖPNV Straßenbahnlinie 1, Haltestelle Oberlinden, von hier aus über den Augustinerplatz Richtung Fischerau und Adelhauser Straße | Tipp Jeden Dienstag um 16.30 Uhr kann man an einer Führung durch die Adelhauser Kirche teilnehmen.

2 Der Alte Friedhof

Auf Kaspar Hausers Spuren

Ein bisschen Grusel muss sein. Der Besuch des Alten Friedhofs wird seit einigen Jahren mit Motto-Führungen aufgepeppt. Die Performance, welche Stadtführer mit und ohne historische Kostümierung hier anbieten, ist oft wunderbar schaurig. Der Alte Friedhof ist einer der ältesten als Ganzes erhaltenen Friedhöfe Deutschlands, er ist Kultur- und Naturdenkmal zugleich und hat für die Freiburger ähnlichen Kultstatus wie der Zentralfriedhof für die Wiener.

Von 1683 bis 1872 fanden hier Beisetzungen statt. Die zum Teil stark verwitterten Grabmale illustrieren 200 Jahre Totenkult und Stadtgeschichte. Sie stehen aber auch für so manch skurrile Geschichte. Ein Grab ist so umstritten, dass es inzwischen geheim gehalten wird. 1850 wurde hier Johann Heinrich David von Hennenhofer beigesetzt, der im Verdacht stand, in die Ermordung Kaspar Hausers, dem vermeintlich legitimen Erbprinzen von Baden, verwickelt zu sein. Hennenhofer – Günstling des badischen Herrscherhauses – wurde unterstellt, die Entführung und Ermordung organisiert zu haben. Letzte Beweise dafür gibt es nicht, aber der Volkszorn verfolgte ihn über den Tod hinaus. »Mörder« wurde so hartnäckig immer wieder auf seinen Grabstein geschrieben, dass die Stadt diesen schließlich entfernen ließ. Nur noch Eingeweihte wissen heute, wo sich das Grab befindet.

Ob Mörder oder nicht, die Wahrheit wird wohl für alle Zeiten unter Moos, Laub und Erdreich verborgen bleiben, wie so viele mysteriöse und gruselige Geschichten, die sich um den Alten Friedhof ranken.

Am schönsten ist dieser übrigens am frühen Morgen, wenn sich die Event-Protagonisten noch in den Federn rekeln und die Stadt schlaftrunken für den neuen Tag mobilmacht. Dann betritt man ihn am besten über den Seiteneingang in der Karlstraße durch ein Eisentürchen, das seine letzte Ölung schon eine Weile hinter sich hat.

Und schon ist man in einer anderen Welt.

Adresse Stadtstraße, 79104 Freiburg-Neuburg | **ÖPNV** Straßenbahnlinie 2 Richtung Zähringen, Haltestelle Europaplatz, Richtung Karlstraße | **Tipp** Wer sich für ungeheuerliche Geschichten aus Freiburgs Vergangenheit interessiert, dem sei eine Führung mit Freiburg Kultour oder mit Historix empfohlen. In der Kapelle St. Michael finden manchmal Theateraufführungen statt.

3 Das alte Straßenbahndepot

Stadtrundfahrt im Sputnik

Was die E-Mobilität anbelangt, hatten die Freiburger schon vor weit über 100 Jahren die Nase vorn. Als im Oktober 1901 die erste Straßenbahn ins frisch verlegte Gleisbett gesetzt wurde, fuhr diese von Anfang an mit Strom. Das war seinerzeit der neueste Schrei. Die elektrische Straßenbahn schickte die sogenannten Funkenkutschen, eine Art von Pferden gezogene Omnibusse, aufs Altenteil und entwickelte sich bereits im ersten Jahr zu einem beliebten Massentransportmittel.

Die besonderen Schätze der Freiburger Mobilitätsgeschichte verbergen sich hinter den Toren einer schicken Jugendstilhalle in der Urachstraße. Begrenzt von stattlichen Gründerzeitvillen fällt dieses Industriedenkmal in der gediegenen Umgebung des Stadtteils Wiehre sofort ins Auge. Das alte Straßenbahndepot könnte auch ein Kulturzentrum, eine Ausstellungshalle oder ein Konzertsaal sein. Tatsächlich ist es eine Mischung aus Museum und Werkstatt. Um die historischen Triebwagen und Waggons wieder aufzumöbeln, hat sich ein Verein gegründet. Die Freunde der Freiburger Straßenbahn werkeln, mit reichlich Sachkenntnis und noch mehr Euphorie ausgestattet, oft jahrelang, bis so ein vom Zahn der Zeit gezeichnetes Gefährt wieder in neuem Glanz erstrahlt. Einer der legendären Wagen ging 1959 in Betrieb und wurde wegen seiner besonderen Technik im Volksmund Sputnik genannt, in Anlehnung an den ersten Erdsatelliten, mit dem die Sowjets 1957 die westliche Welt schockten.

Der Freiburger Sputnik kann heute nicht nur besichtigt, sondern sogar für Stadtrundfahrten gemietet werden. Wer auf historisches Tramfeeling steht, kann außerdem von Mai bis September am ersten Samstag im Monat auf die Oldtimerlinie oder ins Tram-Café umsteigen. Beim alljährlichen Tag der offenen Tür im Juli wird die historische Halle für Neugierige geöffnet. Eine gute Gelegenheit, um einmal in der Holzklasse Probe zu sitzen.

Adresse Betriebshof Süd, Urachstraße 5, 79102 Freiburg-Wiehre | **ÖPNV** Straßenbahnlinie 2, Haltestelle Lorettostraße | **Öffnungszeiten** Die Termine für Sonderfahrten oder den jährlichen Tag der offenen Tür werden auf der Internetseite des Vereins Freunde der Freiburger Straßenbahn veröffentlicht. Hier kann man auch eine Oldtimerbahn mieten (www.fdfs.de). | **Tipp** In einem Seitentrakt des alten Straßenbahndepots ist das Öko-Weingut Andreas Dilger beheimatet. Es bietet Verkostungen der Weine von Freiburger Lagen wie dem Schönberg sowie edle Brände und Säfte von Streuobstwiesen an, Urachstraße 3, 79102 Freiburg, www.weingut-andreas-dilger.de.

4 Die Alte Uni

Zwischen Studium und Museum

Die Alte Uni ist eng mit dem rund 150 Jahre währenden Intermezzo der Jesuiten in Freiburg verbunden. Der weiträumige Komplex des ehemaligen Jesuitenkollegs prägt bis heute die Ansicht der Bertoldstraße. Der große Innenhof gehört indes eher zu den verborgenen Schönheiten der Innenstadt. Dominiert wird er von zwei mächtigen Bäumen, einer Platane und einer Linde, die während der Revolution 1848/49 gepflanzt worden sein sollen. Arkaden, getrimmte Hecken und eine überraschende Stille vermitteln eine fast klösterliche Atmosphäre.

Lange hatte Freiburg den Jesuiten einst die kalte Schulter gezeigt. Erst ab 1620 gelang es dem Orden, mit habsburgischer Unterstützung in der philosophischen und theologischen Fakultät der Universität Fuß zu fassen und ein Gymnasium zu gründen. Doch erst als Freiburg von 1679 an für knapp 20 Jahre unter französischer Herrschaft stand und die meisten Professoren nach Konstanz geflohen waren, konnten die Jesuiten ihren Einfluss ausbauen. 1684 wurde die von Erzherzog Albrecht IV. von Österreich im Jahr 1457 gegründete Universität unter französischem Vorzeichen noch einmal gegründet. In den folgenden Jahren begann der Bau der Universitätskirche und des Kollegs, das allerdings erst fertig wurde, als Freiburg bereits wieder unter der Regie Österreichs stand. Als der Papst 1773 die Gesellschaft Jesu auflöste, war auch das Gastspiel der Jesuiten in Freiburg beendet. Die Kaiserin Maria Theresia vermachte das Kolleg samt Kirche der Universität. Nach der Zerstörung im Zweiten Weltkrieg und dem Wiederaufbau wurde die »Alte Universität« weiter für Seminare genutzt.

Heute befindet sich im Erdgeschoss und im mittelalterlichen Keller das Uniseum, das Museum der Universität. In der ebenfalls im Krieg stark zerstörten und 1956 wiederaufgebauten Universitätskirche beeindruckt im Chorraum eine fast sechs Meter hohe moderne Jesusplastik des Bildhauers Franz Gutmann.

Adresse Bertoldstraße 17, 79098 Freiburg | ÖPNV Straßenbahnhaltestelle Bertoldsbrunnen, in unmittelbarer Nähe zur Alten Uni | Tipp In der Begrenzungsmauer rechts neben dem Eingang zur Alten Uni ist ein von Julius Bissier entworfenes Keramikmosaik zu sehen. Die ausdrucksstarke Installation aus dem Jahr 1959 wurde jahrelang vernachlässigt und musste schließlich restauriert werden. Im ehemaligen Theatersaal der Alten Uni befindet sich heute das Literaturhaus.

5 Das Arboretum

Gesundheit aus der Baumkrone

Der Genuss von zu viel Wein kann üble Folgen haben. Eine davon ist heftiger Kopfschmerz. Dass Wein Kopfschmerzen auch lindern kann, mag verblüffen, ist aber offenbar erwiesen. Die Anwendung sollte allerdings äußerlich erfolgen. Bereits bei den Römern wurde ein Umschlag aus zerkleinerten Weinblättern und -ranken als Hausmittel geschätzt. Heute werden Extrakte aus rotem Weinlaub unter anderem bei chronischen Venenerkrankungen eingesetzt.

So wie der Weinstock können auch andere Sträucher und Bäume Heilwirkung haben. Einen kleinen Einblick in das, was Bäume außer Holz zu bieten haben, gibt ein Besuch im Arboretum im Stadtwald zwischen Freiburg und dem Ortsteil Günterstal. In mühsamer Kleinarbeit und mit enormem Enthusiasmus wurde hier vor über 100 Jahren eine weltweit einzigartige Sammlung 1.300 verschiedener, zum Teil exotischer Baum- und Strauchharten gepflanzt und ständig erweitert. Sie stammen aus über 60 Ländern und von fünf Kontinenten. Jahrelang mussten sich vor allem Forststudenten durch das Dickicht der lateinischen Namen kämpfen. 2008 wurden unter der Regie des städtischen Forstamtes und mit vielseitiger finanzieller Unterstützung fünf Themenpfade angelegt, die die Attraktionen des Arboretums auch Laien zugänglich machen. Für den Erhalt sorgt der Verein »Freunde des Stadtwald-Arboretums«, der auch Führungen organisiert.

Einer der Pfade entführt auf einem besonders idyllischen Weg in das Reich der Heilpflanzen. Er beginnt in einem Waldstück gleich hinter dem Kloster St. Lioba und führt über einen breiten Forstweg bergauf. Auf Schautafeln werden 15 Baumarten vorgestellt, deren Heilwirkung medizinisch belegt ist. Andere Themenpfade präsentieren Baumarten aus aller Welt oder die Vielfalt der heimischen Tannenarten. Wer sich an einem heißen Sommertag auf den Weg machen will, kann vorher ein Fußbad mit Blättern vom Walnussbaum nehmen – das hilft gegen schwitzende Füße.

Adresse Riedbergstraße, 79100 Freiburg-Günterstal | **ÖPNV** Straßenbahnlinie 2 Richtung Günterstal, Haltestelle Wiesenweg | **Öffnungszeiten** Führungen finden auf Anfrage statt, Kontakt unter www.waldhaus-freiburg.de | **Tipp** Wer den Themenpfad über die Heilwirkung von Bäumen geht, kommt ungefähr auf der Hälfte der Strecke an der Waldgaststätte St. Valentin vorbei. Hier empfiehlt sich ein Abstecher, denn die Apfelpfannkuchen sind seit Generationen berühmt.

6 Die Archäologie der Zukunft

Endstation Tiefgarage

Wer ohne Vorwarnung in die Tiefgarage am Augustinerplatz geht, kommt um ein gewisses Apokalypse-Gefühl nicht umhin. Umgestürzte Betonsäulen liegen über halb in der Erde versunkenen Autowracks. Efeu wuchert aus Kühlerhauben, blinde Scheinwerfer lugen zwischen dürrem Laub hervor, Elektrokabel winden sich ins Nichts. Was so endzeitlich daherkommt, ist eine Installation des elsässischen Aktionskünstlers Raymond Émile Waydelich mit dem Titel »Archäologie der Zukunft: 3.500 Jahre nach Christus«.

Die Tiefgarage wurde 1983 in geschichtsträchtiges Gelände gebuddelt. Die Einfahrt ist in die alte Stadtmauer integriert. Im Erdaushub fanden sich jede Menge Gegenstände aus mittelalterlichen Latrinen, die heute Museumsvitrinen schmücken. Und irgendwann während der Bauarbeiten kam Raymond Waydelich mit seiner Idee einer Archäologie der Zukunft und der Frage: Wie wird es sein, wenn die Gegenwart Vergangenheit geworden ist? Das Projekt fand Unterstützung durch das französische Kulturministerium, die Stadt Straßburg, das Kultusministerium Baden-Württemberg, die Stadt Freiburg. Bereits das Aufstellen des Kunstwerks war ein Spektakel für sich. Per Kran wurden die Autos »eingeflogen«, anschließend zersägt und ausgeweidet. Betonsäulen wurden zerschmettert und fielen über die Wracks. Anschließend kam alles hinter eine dicke Glasscheibe – und wurde vergessen. Heute ist die Installation ein Geheimtipp.

Das Ineinandergreifen von Vergangenheit, Gegenwart und Zukunft thematisierte Waydelich auch auf der documenta und der Biennale in Venedig. Eine mit seiner Freiburger Installation vergleichbare »Gruft der Zukunft« hat er 1997 in Straßburg vor dem Münster eingerichtet. Die Idee zu diesen Projekten kam ihm als Militärfotograf im Algerienkrieg angesichts von Schlachtfeldern, wo die Reste der durch die Römer zerstörten Kultur neben aktuellem Kriegsschrott lagen.

Adresse Augustinerplatz, 79098 Freiburg-Altstadt | ÖPNV Straßenbahnlinie 1 Richtung Littenweiler, Haltestelle Oberlinden | Tipp Die Archäologie der Zukunft gehört zu den am besten verborgenen Kunstwerken in Freiburg. Wer einen Blick darauf werfen will, wartet, bis das Tor der Augustinergarage aufgeht.

7 Die Bächle

Das große Plätschern

Freiburg ist nicht nur Green City sondern auch Bächle-Town. Überall plätschert es am Rand der Straßen, Plätze und Gässle. Insgesamt 8,5 Kilometer umfasst das Bächlenetz. Gelegenheiten genug, in eines davon hineinzutreten. Besonders Ex-Bundeskanzler scheinen einen Hang dazu zu haben. Gerhard Schröder hat's zu Fuß getan, Helmut Kohl mit seiner Limousine. Beide kümmerten sich anschließend wenig um den Volksmund, der besagt: Wer als Fremder ins Bächle tritt, muss eine Freiburgerin heiraten. Sei's drum.

Archäologen gehen davon aus, dass das Prinzip der Bächle bereits 1120 zu Zeiten der Stadtgründung angelegt war. 1246 wurden sie erstmals urkundlich erwähnt. Sie funktionieren bis heute dank des natürlichen Gefälles von Ost nach West und werden mit Wasser der Dreisam gespeist. Der Unterschied vom höchsten Punkt am Schwabentor bis zum tiefsten am Fahnenbergplatz beträgt acht Meter. Die Bächle waren einst multifunktional. Sie dienten zum Feuerlöschen, zur Versorgung mit Brauchwasser, zur Entwässerung und als Müllschlucker. Auf den Feldern außerhalb der Stadt war das Bächlewasser zwar ein willkommener Dünger, innerhalb der Stadt stellte es aber oft ein Hygieneproblem dar. Ein prominenter Zeitgenosse, Erasmus von Rotterdam, der von 1529 bis1535 in Freiburg lebte, fand die Rinnsale mit ihrem Unrat schlichtweg ekelhaft. Auch die Stadtoberen versuchten per Dekret immer wieder, »Ärgernis erregende Stoffe« aus den Bächle zu verbannen.

Die Liebe der Freiburger zu den Bächle blieb ungeachtet aller Hygienediskussionen ungebrochen. Bei jeder Gelegenheit wurden neue angelegt. Sie sind heute gestalterisches Element für die Stadtplaner, Touristenattraktion und Badeparadies für den Nachwuchs. Sollte allerdings jemand, der ins Bächle fällt, auf die Idee kommen, die Stadt wegen einer vermeintlich unerwarteten Gefahr zu verklagen, sei er auf folgende höchstrichterliche Entscheidung verwiesen: BGH NJW 159, 1972.

Adresse Altstadt, 79098 Freiburg | **Tipp** Bei Großbränden kamen die Bächle schnell an ihre Grenzen. Als etwa in der verheerenden Bombennacht 1944 Oberkirchs Weinstube am Münsterplatz getroffen wurde, konnte der Brand mit Wein gelöscht und das Haus gerettet werden. Zum Glück. Denn so ist noch heute ein Besuch in der historischen Weinstube möglich (Münsterplatz 22).

8 Die Bergkirche

Opfingen ganz oben

Wenn sich zwei die Hand zum Bund des Lebens reichen, kann es Sinn machen, einige Modalitäten vertraglich festzuklopfen. So war es auch, als Freiburg und Opfingen am 1. Dezember 1971 zusammenkamen. Ein Passus im »Ehevertrag« betraf die historische Bergkirche, die malerisch über der Ortschaft auf dem Tuniberg thront. Freiburg verpflichtete sich, Sanierung und Generalrenovierung zu übernehmen, die evangelische Kirchengemeinde kommt für Schönheitsreparaturen auf. In diesem Sinne haben seither beide Partner genug zu tun, um das Wahrzeichen von Opfingen zu erhalten.

Das überraschend breite Langhaus wurde 1778 anstelle einer älteren Kirche errichtet und an den alten Turm aus dem Jahr 1525 angebaut. Die Proportionen zwischen beiden Bauten muten recht ungewöhnlich an, denn der Turm verschwindet fast neben der üppig dimensionierten rechteckigen Kirche. Dass er erhöht wurde, ändert an dem Eindruck nichts. Architekt war der »Markgräflich badische Landbaumeister« Carl Friedrich Meerwein, von dessen Reißbrett etliche Bauten in Südbaden stammen. Seine Leidenschaft galt zudem der Konstruktion von berühmt-berüchtigten Flugobjekten, unter anderem nach dem Vorbild der Stockente.

Obwohl zur Bauzeit der Bergkirche das prunkvolle Rokoko in voller Blüte stand, wird diese Stilrichtung im Inneren nur zaghaft angedeutet, etwa an den Emporen oder an der Kanzel. Keine bunten Kirchenfenster, keine Deckenfresken. Einziger Luxus ist die Orgel aus dem Jahr 1781, die zu den ältesten noch bespielbaren Instrumenten im Breisgau gehört. Sie stammt aus der Werkstatt von Georg Marcus Stein, der sein Handwerk bei dem Straßburger Orgelbaumeister Johann Silbermann erlernt hatte. Heute erklingt sie bei Konzerten und natürlich beim Gottesdienst.

Der Architekt der Bergkirche kam übrigens nicht bei einem seiner spektakulären Flugversuche ums Leben, sondern durch einen banalen Sturz vom Pferd.

Adresse Oberer Kirchweg, 79112 Freiburg-Opfingen | Anfahrt In der Ortsmitte von Opfingen rechts in die Straße Dürleberg, dann rechts in den Georg-Marcus-Stein-Weg, beim Friedhof parken | Öffnungszeiten Termine unter www.evangelische-pfarrgemeinde-tuniberg.de | Tipp Was an den Rebstöcken rund um Opfingen wächst, kann im Weinhaus Opfingen verkostet werden. Das Weinhaus befindet sich unterhalb der Bergkirche (www.weinhaus-opfingen.de).

9 Das Black Forest Hostel

Von Backpackern und Runzmeistern

Reisegruppen sind eine Rarität in der Oberau. Allenfalls Backpacker schleppen ihre prallen Rucksäcke die Kartäuserstraße entlang. Ziel ist meist das Black Forest Hostel, eine Insideradresse für Globetrotter aus aller Welt. Die Herberge liegt in einem Hinterhof mit allerbester Schlossbergsicht. Sie ist in dem ehemaligen Fabrikgebäude der »Rheinischen Tachometer-Anstalt Münzer & Co« untergebracht und bietet schlichten Komfort zum kleinen Preis. Das heißt vorwiegend Mehrbettzimmer, Küche und Speiseraum für Selbstversorger. Eine der alten Hallen dient als Aufenthaltsraum mit ganz eigenem Charme. Mobiliar im Flohmarkt-Style, Billardtisch, Klavier und Spielesammlung improvisieren Gemütlichkeit. Direkt vor dem Küchenfenster rauscht der Gewerbekanal vorbei und stürzt fast zweieinhalb Meter tief direkt auf ein Wasserrad. So bekommt der Backpacker, während er die Raviolidose öffnet, eine Live-Performance zum Thema Wasserkraftnutzung. – Das Kleinkraftwerk erzeugt pro Jahr rund 15.000 Kilowattstunden und verweist auf eine uralte Tradition.

Wer mehr darüber erfahren will, sollte nicht über die Kartäuserstraße zum Black Forest Hostel gehen, sondern den Augustinerweg nehmen, auch Hexenwegle genannt. Er führt direkt am Kanal entlang und gewährt einen Einblick in die Freiburger Industriegeschichte. Der Gewerbekanal war so etwas wie die Schlagader des Gebietes. Er trieb Mühlräder, Turbinen und Schleifsteine an. Die Fabriken und Gewerbebetriebe hatten sich zu Runzgenossenschaften zusammengeschlossen. Diese legten minutiös die Nutzungsbedingungen des Wassers fest und sind ein echtes Freiburger Phänomen. Das Wort »rinnen« leitet sich vom alemannischen Wort »Runz« ab.

Noch heute gibt es in der Stadt einen Runzmeister, der für die Wehre verantwortlich ist. Einmal im Jahr wird der Kanal gereinigt – meist ein Wiedersehen mit vermissten Fahrrädern und anderen Schätzen »lost in Freiburg«.

Adresse Kartäuserstraße 33, 79102 Freiburg-Oberau | ÖPNV Straßenbahnlinie 1 bis Oberlinden, durch das Schwabentor, dann zum Hexenwegle, hier immer geradeaus, beim SWR-Studio über die Brücke zur Kartäuserstraße | Tipp Reste der Industriearchitektur finden sich entlang des Gewerbekanals an mehreren Stellen. Zum Beispiel das technische Denkmal zwischen Kanal und Wohnblock am Hexenwegle, bestehend aus einem gusseisernen Trog mit zwei Mahlsteinen.

10 Das Blackforest Warehouse

Einarmige Banditen, Flipper und Rock 'n' Roll

Wie man sich in den eigenen vier Wänden einrichtet, ist bekanntlich eine Frage des Geschmacks und des Geldbeutels. Die einen bevorzugen den skandinavischen Filialisten, andere stehen auf angesagte Designernamen. Und wieder andere bekommen leuchtende Augen bei der Vorstellung, sich einen einarmigen Banditen oder eine Zapfsäule ins Wohnzimmer zu stellen. Wer darauf steht, dessen Puls wird ein paar Takte schneller schlagen, wenn er die nostalgischen Raritäten aus den 1950er Jahren im Blackforest Warehouse entdeckt.

Das sehr spezielle »Warenhaus« liegt im Industriegebiet Haid und ist von außen nicht zu erkennen. Laufpublikum hat keine Chance. Nur Eingeweihte kennen den Trick: Man betritt die Autovermietung Kuhner, geht zur Theke und sagt das Zauberwort »Blackforest Warehouse«. Der Mitarbeiter wird dann vermutlich ohne viele Worte seine Arbeit unterbrechen und mit einem Kopfnicken signalisieren, ihm zu folgen. Der Weg, der in diesem Fall nicht das Ziel ist, führt durch ein dunkles Treppenhaus in einen Keller, von dort durch eine Garage in eine unterirdische Halle.

Und plötzlich taucht man ein in die swingende und rockende Welt der wilden 50er. Auf rund 200 Quadratmetern drängen sich Jukeboxen, Flipperautomaten, einarmige Banditen, eine komplette Bowlingbahn, Diner-Mobiliar, alte Schilder, bonbonfarbene Tretautos, Unmengen Vinylplatten und mittendrin Dracula und Captain America. Alles Liebhaberstücke und alle funktionstüchtig. Die Schätze wurden von »Warehouse«-Chef Christian Kuhner liebevoll instand gesetzt.

Namen wie Rock-Ola, Ami, Seeburg oder Wurlitzer versetzen Experten in Verzückung. Die Kundschaft ist ein stetig wachsender Kreis Verschworener und Besessener. Für Einsteiger, die noch nicht reif sind für eine Diesel-Zapfsäule im Wohnzimmer, gibt es »historische« Kaugummiautomaten in verschiedensten Variationen.

Adresse St. Georgener Straße 7, 79111 Freiburg-Haslach | Anfahrt Von der Stadtmitte aus Richtung Basler Straße, Guildfordallee, abbiegen ins Industriegebiet Haid, hier rechts in die St. Georgener Straße fahren. Die Autovermietung Kuhner liegt in einem Kreisverkehr. | Öffnungszeiten Wer nicht auf gut Glück vorbeischauen will, kann unter Tel. 0761/19719 einen Besichtigungstermin vereinbaren. | Tipp Retro- und Vintage-Möbel sowie Design-Klassiker findet man im Kunzenhof20, Engesserstraße 3, 79108 Freiburg, Industriegebiet Nord.

11 Der Borderline-Trail

Ein steiles Vergnügen

Eines sei klargestellt: Mit einer psychologischen Diagnose hat der Borderline-Trail nichts zu tun. Es handelt sich vielmehr um eine Downhill-Strecke, die dafür sorgte, dass Freiburg zum Hotspot für Mountainbiker wurde. Die Abfahrt gilt als eine der schönsten in der Region. Den Namen hat sie von ihrer Lage mitten im Wald auf der Grenzlinie zwischen Freiburg und dem Stadtteil Ebnet.

Start ist bei der Jugendherberge am Ende der Kartäuserstraße. Hier steht auch eine Infotafel, die man sich sehr genau anschauen sollte. Ansonsten droht die Gefahr, auf der falschen Strecke zu landen, und das kann zu ziemlichem Kniezittern führen. Schwarz steht für sehr steil, Rot für steil, Blau für nicht ganz so steil. Ordentlich bergab geht es auf jeden Fall, weshalb es ratsam ist, als blutiger Anfänger die heiklen Streckenabschnitte zu umfahren. Man braucht ein Mountainbike mit guten Bremsen, einen Helm auf dem Kopf, Protektoren am Knie, und ein gefederter Sattel kann auch nicht schaden.

Bevor der Downhill-Rausch beginnt, geht es erst einmal knapp sechs Kilometer stramm bergauf. 450 Höhenmeter sind zu überwinden. Ziel ist der Roßkopfturm. Die ausgeschilderte Abfahrt beginnt gleich darunter. Sie führt auf sogenannten Trails, das heißt weniger als zwei Meter breiten Wegen, in die Tiefe. Bremsen gehört hier zur Grunddisziplin, und das nicht nur, weil das Gelände höllisch steil ist, sondern auch, weil immer wieder Forstwege kreuzen, auf denen mit Wanderern zu rechnen ist. Um den Spaßfaktor für routinierte Mountainbiker zu erhöhen, gibt es besondere Streckenabschnitte mit eingebauten Schikanen wie zum Beispiel kleine Sprungschanzen oder Treppen.

Gepflegt wird der Trail von einem Verein, dem Mountainbike Freiburg e. V. Er kooperiert mit dem Forstamt und ist Mitglied im Deutschen Radsportbund – wichtige Voraussetzung, um die Strecke auf versicherungstechnisch korrektes Terrain zu führen.

Adresse Kartäuserstraße, 79104 Freiburg-Waldsee | Anfahrt mit dem Mountainbike zur Jugendherberge in der Kartäuserstraße 151 und ab hier dem ausgeschilderten Borderline-Trail folgen | Tipp Die Region um Freiburg ist ein Trail-Mekka. Eine weitere knuffige Abfahrt führt über den Kybfelsen in Freiburg-Günterstal.

12 Der Botanische Garten

Schauen, staunen, chillen

Quizfrage: Was hat die selbstreinigende Fassadenfarbe mit den malerischen Lotusblumen im Seerosenteich des Botanischen Gartens Freiburg zu tun? Das Stichwort für die Lösung lautet Bionik. Darunter versteht man das Lernen von der Natur für Anwendungen in der Technik. Und genau darüber verrät der Bionik-Lehrpfad im Botanischen Garten überraschend viel. Allgemein verständlich wird zum Beispiel das Prinzip des Lotuseffekts erklärt, der bewirkt, dass die Blätter der Lotuspflanze selbst im trüben Wasser stets makellos sauber sind. Oder man erfährt, wie Freiburger Wissenschaftler nach dem Vorbild von Pfahlrohr, Bambus und Schachtelhalm den sogenannten Technischen Pflanzenhalm entwickelten. Er bildet die Grundlage von superleichten Faserverbundprofilen, die in der Luft- und Raumfahrt und im Autobau eingesetzt werden. Die Bionik ist ein Aspekt von vielen im Botanischen Garten.

Die grüne Oase am Rand der Altstadt gehört zur Universität Freiburg und ist nicht nur ein Ort des Lernens und Staunens, sondern auch ein Ort der Ruhe und Erholung. Wohl die meisten Besucher kommen, um die Idylle zwischen alten Bäumen, exotischen Gewächsen und die Ästhetik der drei Teichanlagen zu genießen. Eine zusätzliche Attraktion neben dem Freilandbereich sind die thematisch aufgeteilten Schaugewächshäuser.

Die Anfänge des Botanischen Gartens in Freiburg reichen bis ins Jahr 1620 zurück. Obwohl der genaue Standort nicht bekannt ist, weiß man, dass es sich zunächst um einen reinen Lehrgarten für Studenten der Medizin und Pharmazie handelte. Im Mittelpunkt stand die Erforschung von Heil- und Giftpflanzen. Ende des 19. Jahrhunderts wurde der Garten auch für interessierte Laien geöffnet. Heute ist der Botanische Garten mit seinen rund 6.000 Pflanzenarten ein Schaufenster moderner Forschung. In aller Stille wurde im Coronajahr 2020 sein 400. Geburtstag gefeiert. Ein Besuch lohnt sich – nicht nur in Pandemiezeiten.

Adresse Schänzlestraße 1, 79104 Freiburg | **ÖPNV** Straßenbahnlinie 2 oder 4, Haltestelle Hauptstraße, auf der Habsburgerstraße bis zur Schänzlestraße | **Öffnungszeiten** täglich 9–17 Uhr | **Tipp** Mehltau auf den Rosen, Mäuseparty im Karottenbeet – so mancher Hobbygärtner verzweifelt an den Tücken der Natur. Hilfreiche Tipps kann die Pflanzenberatung im Botanischen Garten bieten, jeweils Mittwoch von 13 bis 16 Uhr. Treffpunkt ist beim Gewächshaus. Der gute Rat ist in diesem Fall nicht teuer, sondern gratis.

13 Das Chalet Wittmer

Auf den Spuren der Kuckucksuhr

Hexenhäusle nennen die Freiburger das geheimnisvolle Holzhaus am Bergleweg, das am Ende eines gepflegten kleinen Gartens steht. In den offiziellen Akten heißt es Chalet Wittmer, und dieser Name ist angemessener für das mit kunstvollen Schnitzereien verzierte Haus. Es hat eine im wahrsten Sinne des Wortes bewegte Vergangenheit. Benannt nach seinem einstigen Eigentümer, hatte das Chalet 1887 bei der Oberrheinischen Gewerbeausstellung im heutigen Stadtgarten seinen großen Auftritt. Danach wurde es ab- und an seinem heutigen Standort wieder aufgebaut. Das war kein Problem, denn das kleine Chalet war eines der ersten Fertighäuser und optisch der letzte Schrei.

Der sogenannte Heimatstil kam Ende des 19. Jahrhunderts in Mode, und zwar nicht nur in der Schweiz und in Österreich, sondern in ganz Europa, ja sogar in Amerika und Asien. Das alpenländische Design firmiert wahlweise unter den Bezeichnungen »Schweizer Stil«, »Tyroler Styl« oder »Chalet«. Die Architektur erinnert an Bergbauernhäuser und sollte im ausgehenden 19. Jahrhundert ein romantisches »Zurück zur Natur« symbolisieren. Böse Zungen sprechen von »Laubsägen-Architektur« und von »Zimmermanns-Gotik«. Gemeint waren damit üppig verzierte Holzhäuser in Systembauweise, die maschinell vorgefertigt und an Ort und Stelle montiert wurden und zudem relativ preiswert waren. Diese völlig neue Art zu produzieren war eine Revolution, die in Paris anlässlich der Weltausstellungen 1855 und 1867 ihren Anfang genommen hatte. Eine Firma aus Interlaken hatte hier das erste mobile Holzhaus präsentiert.

Der Siegeszug der Chalets war ab den 1870er Jahren nicht mehr zu stoppen. Das lag nicht zuletzt am Ausbau der Eisenbahnlinien, der einen schnellen Transport der Fertigteile erlaubte. Der Schweizer Stil stand schließlich sogar Pate für die Bahnwärterhäuschen des Architekten Friedrich Eisenlohr – und für die Kuckucksuhr.

Adresse Bergleweg 1, 79100 Freiburg-Wiehre | ÖPNV Straßenbahnlinie 3 Richtung Vauban, Haltestelle Weddigenstraße. Von hier aus Richtung Lorettostraße. An der Abzweigung zur Mercystraße beginnt als Fußweg auch der Bergleweg. | Öffnungszeiten Das Chalet Wittmer alias Hexenhäusle kann nur von außen besichtigt werden. | Tipp Elemente des Heimatstils finden sich noch an einigen Bahnwärterhäuschen und Bahnhöfen entlang der Höllentalstrecke, besonders schön am Bahnhof Himmelreich.

14 Das Colombischlössle

Steinzeit in der Beletage

Die Expedition in die Steinzeit führt durch die Beletage, und am Ende weiß man sogar, warum das Mammut einst zu schwitzen begann. Der Ort, an dem solch überraschende Zusammenhänge geknüpft werden, ist das Colombischlössle. Seit 1989 beheimatet die prächtige Gründerzeitvilla, eine der schönsten in Freiburg, das Archäologische Museum. Mit pfiffigen Ausstellungen und Veranstaltungen werden die Besucher hier mit auf die Reise durch vergangene Jahrtausende genommen. Dabei geht es ziemlich handfest zur Sache. In der experimentellen Steinzeit-Werkstatt kann man zum Beispiel Archäologie hautnah erleben.

Dass es in ihrem Stadtpalais dereinst so robust zugehen wird, hätte sich Gräfin Marie Gertrudis Antonia de Colombi y de Bode (1809–1863) höchstwahrscheinlich nicht träumen lassen. Sie war eine polyglotte Persönlichkeit. In St. Petersburg geboren, wählte sie nach dem Tod ihres Mannes Freiburg zum Lebensmittelpunkt. Zwischen 1859 und 1861 ließ sie sich von dem Architekten Georg Jakob Schneider, der später auch die Synagoge baute, eine standesgemäße Villa im neugotischen Stil errichten. In gewisser Weise war die Gräfin eine Vorreiterin der Green-City-Idee, denn sie setzte bereits auf Nachhaltigkeit und für damalige Zeiten hochmoderne Technik. So wurde das Palais durch ein ausgeklügeltes Warmluftsystem über die Wände beheizt. Wer seinen Blick von den steinzeitlichen Pfeilspitzen in den Vitrinen zur Stuckdecke der Beletage schweifen lässt, bekommt zudem einen Eindruck von der außerordentlichen Pracht der Villa.

Wie durch ein Wunder wurde das Colombischlössle bei dem verheerenden Bombardement Freiburgs 1944 nicht beschädigt. Nach dem Krieg residierte hier für einige Jahre sogar der badische Staatspräsident Leo Wohleb. Heute steht nicht nur das Gemäuer des Colombischlössle unter Denkmalschutz, sondern auch die Inneneinrichtung, angefangen beim Treppenhaus bis hin zum Intarsienparkett.

Adresse Rotteckring 5, 79098 Freiburg-Altstadt | ÖPNV Straßenbahnlinien 1, 3, 5, Haltestelle Hauptbahnhof, dann Richtung Eisenbahnstraße, 2 Minuten Gehzeit | Öffnungszeiten Di–So 10–17 Uhr, Mi 10–19 Uhr, Termine der Führungen unter www.freiburg.de/museen | Tipp Wer im edlen Ambiente verharren möchte, sollte das Café »Graf Anton« gegenüber dem Colombischlössle besuchen. Es gehört zum Colombi-Hotel und bietet erlesene Confiserie.

15 Das Damenbad

Lollo ohne Männer

Um es gleich vorwegzusagen: Das folgende Kapitel ist nichts für Männer, denn sie haben zu Freiburgs exklusivstem Freibad keinen Zutritt. Direkt neben der lärmenden Lorettostraße liegt Deutschlands einziges Damenbad, männerfreie Zone, grüne Oase, Refugium für Frauen, die unter sich sein möchten, und neuerdings auch von Muslimas entdeckt, die an heißen Sommertagen auf Badefreuden – natürlich im Burkini – nicht verzichten wollen. Das Damenbad gehört zum Lorettobad, das 1841 wie damals üblich als reines Männerbad errichtet wurde. Es entstand 1886 als eine separate, durch Hecken, Zäune und Umkleidekabinen strikt abgetrennte Abteilung, in der sich die Frauen erfrischen durften und schwimmen lernen konnten. Heute scheint ein Freibad mit Geschlechtertrennung undenkbar. Nicht so in Freiburg. Das »Lollo«, wie es liebevoll genannt wird, überlebte souverän.

Der Eingang wird streng bewacht. Die strahlend weißen Umkleidekabinen gehören zu den schönsten Jugendstil-Kabinen Deutschlands und harmonieren mit dem gepflegten Ambiente: kristallklares Wasser, schattenspendende hohe Bäume, akkurat getrimmter Rasen mit bunten Liegestühlen, dezent gebräunte Damen jeden Alters – viele oben ohne – und ein paar Kleinkinder, die im Babybecken planschen. Schwimmbadlärm erklingt auf der anderen Seite der Hecke. Die entspannt gediegene Atmosphäre wirkt ansteckend. Viele Besucherinnen des Damenbades sind Stammgäste, sie kommen seit Jahren in »ihr« Bad, haben oft sogar ihre eigene Umkleidekabine gemietet. Manche haben sich hier kennengelernt und Freundschaft geschlossen.

Die Resonanz der Männerwelt auf das Damenbad war nicht immer positiv. 1980 klagte ein Jurastudent, der das im Grundgesetz verankerte Gleichheitsgebot verletzt sah, gegen das Männerverbot im Damenbad vor dem Verwaltungsgericht Freiburg. Ohne Erfolg. Männer müssen draußen bleiben – auch im nächsten Sommer.

Adresse Lorettostraße 51a, 79100 Freiburg-Wiehre | ÖPNV Straßenbahnlinie 3, Haltestelle Weddigenstraße, von hier aus Richtung Lorettostraße, Gehzeit 5 Minuten | Öffnungszeiten www.badeninfreiburg.de | Tipp Der Förderverein des Lorettobades veranstaltet in der Sommersaison einige öffentliche Abendkonzerte. Bei diesen Anlässen sind auch Männer im Damenbad zugelassen.

16 Das Edith-Stein-Zimmer

Rückzugsort Dachkammer

Husserl, Heidegger, Edith Stein: die philosophische Crème de la Crème Deutschlands Anfang der 1930er Jahre. Husserl, der Lehrer und Doktorvater, Heidegger und Stein, die hoffnungsvollen und ehrgeizigen Schüler. Edith Stein hatte allerdings zwei entscheidende »Makel«: Sie war nicht nur Jüdin, sondern auch Frau. Letzteres vereitelte ihre so intensiv angestrebte akademische Karriere, Ersteres kostete sie das Leben. 1942 wurde sie von den Nazis im Konzentrationslager Auschwitz ermordet. Dass sie bereits 1922 zum Katholizismus konvertiert war, half ihr nicht. 1998 sprach Papst Johannes Paul II. sie heilig.

Die Jahre in Freiburg waren für die aufstrebende Philosophin Edith Stein schwer zu ertragen. Zwar schätzte Husserl sie als hoch qualifizierte Assistentin, die Habilitation jedoch verweigerte er ihr. Zutiefst enttäuscht unternahm sie dennoch einen letzten Versuch, sich zu habilitieren. Zum Arbeiten quartierte sie sich in einer Dachkammer bei den Benediktinerinnen des Klosters St. Lioba in Günterstal ein. Das spartanisch eingerichtete Zimmerchen im Haus St. Placidus ist noch heute zu besichtigen. Es gleicht mehr einer Klosterzelle als dem Arbeitszimmer einer gelehrten Frau. Ein kleines Fenster gibt den Blick auf den Schauinsland frei, auf dem Edith Stein so gerne wanderte. Auf den rund zehn Quadratmetern wurde eine Art Gedenkstätte eingerichtet, in der einige Gegenstände, ein Kruzifix und Fotografien an die einstige Bewohnerin erinnern. Besonders berührend ist der winzige Schreibtisch, er könnte andernorts als Beistelltischchen durchgehen. Hier hat Edith Stein im Winter 1931/32 an ihrer Habilitation geschrieben. Hier nährte sie ihre letzte Hoffnung auf die akademische Karriere. Und wieder scheiterte sie, weil sie Frau und gebürtige Jüdin war. 1933 trat Edith Stein in den Karmeliterorden ein. Im gleichen Jahr trat ihr einstiger Kommilitone Martin Heidegger in die NSDAP ein und wurde Rektor der Freiburger Universität.

Adresse Riedbergstraße 1, 79100 Freiburg-Günterstal | ÖPNV Straßenbahnlinie 2 Richtung Günterstal, Haltestelle Wiesenweg | Öffnungszeiten Besichtigung nach Anmeldung unter Tel. 0761/1564890 | Tipp Edmund Husserl starb 1938 in Freiburg. Ein schlichter Grabstein auf dem Friedhof von Günterstal erinnert an den Philosophen und Begründer der Phänomenologie, der zu den einflussreichsten Denkern des 20. Jahrhunderts zählt.

17 Die Eichhalde

Großer Bluff mit großen Meistern

Es begann wie ein Märchen. Ein Maler, er war ein Meister seines Fachs, hatte sich auf Meister der klassischen Moderne spezialisiert. Die kopierte er mit großem Geschick, setzte ihre Signatur unter das Werk, das, so veredelt, alsbald astronomische Preise auf dem Kunstmarkt erzielte. Der Erlös reichte unter anderem für eine prachtvolle Villa an der Eichhalde in Herdern, Freiburgs teuerster Lage. Sie bot dem Maler eine angemessene Bleibe, wenn ihn seine Geschäfte gerade mal wieder nach Deutschland führten. Von hier oben konnte er den Blick bis in die Vogesen schweifen lassen, die gesamte Stadt lag ihm zu Füßen, die bessere Gesellschaft ebenso.

Die Strahlkraft des Neubürgers und seine rauschenden Feste verliehen dem gesellschaftlichen Leben in der Stadt, die so sehr nach etwas Glamour lechzte, neue Strahlkraft. Man liebte den charmanten Gastgeber. Nur ab und an fragte man sich im Stillen, woher das Geld für all den Luxus stammte. Die Antwort kam dann doch für alle überraschend. Aus den Medien erfuhren die Freiburger mitten im Sommerloch 2008, dass sich vor der schönen Villa Szenen wie in einem James-Bond-Film abgespielt hatten. Der bis dato bewunderte Gastgeber war mit großem Polizeiaufgebot verhaftet worden. Von Bandenbetrug war die Rede und von Kunstfälschung im großen Stil. Es folgten U-Haft, Haft, Reue, zwei Biografien, die alles erklären sollten, und ein Fernsehfilm.

Die verwaiste Villa firmierte kurze Zeit als Unglückshaus. Doch ein Juwel in solch einer Lage bleibt nicht lange herrenlos. Der Blick von dort oben ist einfach zu schön. Auch wenn man gerade nicht zu einer Party eingeladen ist, lohnt sich ein Spaziergang in Herderns sonniger Höhenlage.

Hierfür empfiehlt sich ein schöner, ausgeschilderter Rundweg. Er beginnt am Herderner Kirchplatz und führt über die Hebsackstraße hinauf zur Eichhalde, wo einem – zumindest optisch – Freiburg zu Füßen liegt.

Adresse Eichhalde, 79104 Freiburg-Herdern | ÖPNV Buslinie 10, Haltestelle Kirche Herdern | Tipp Eine Stärkung für den Spaziergang hinauf zur Eichhalde kann man sich auf dem idyllischen kleinen Bauernmarkt in Herdern holen. Zweimal pro Woche bieten Erzeuger aus der Region auf dem Kirchplatz St. Urban ihre Produkte an. Di 15–18 Uhr, Fr 14–18 Uhr.

18 Das Engländer-Denkmal

Alptraum am Berg

An sonnigen Wochenenden verwandelt sich der Schauinsland gerne in einen riesigen Freizeitpark. Doch der Freiburger Hausberg hat zwei Gesichter. Daran erinnert etwas unterhalb des Gipfels das Engländer-Denkmal. Am 17. April 1936 wurde dieser Ort einer Schülergruppe aus London zum Verhängnis. Entgegen allen Wetterwarnungen wollte der Lehrer die Gruppe nach einer Übernachtung in Freiburg über den Berg nach Todtnau führen.

Selbst unter Normalbedingungen ist das eine ambitionierte Tour. Für die Schüler zwischen zwölf und 15 Jahren wurde daraus ein fataler Gewaltmarsch. Auf halbem Weg schlug das Wetter um, heftiger Schneefall setzte ein. Holzfäller, die vom Gipfel kamen, mahnten zur Umkehr, doch der Lehrer ignorierte auch das. Im Tiefschnee und dichten Nebel verloren die völlig entkräfteten Schüler, die nur mit kurzen Hosen und dünnen Hemden bekleidet waren, die Orientierung. Einer kleinen Gruppe gelang es schließlich, sich bis zu einem Bauernhaus durchzuschlagen und Rettung zu holen. Für fünf der Jungen kam jede Hilfe zu spät, sie starben an Erschöpfung und Kälte.

Die Nazipropaganda vereinnahmte die Tragödie alsbald für die zu diesem Zeitpunkt noch angesagte deutsch-englische Völkerverständigung. Mit viel Pomp wurde 1938 an der Unglücksstelle ein Denkmal eingeweiht, das an ein verkapptes Stonehenge erinnert. Nach dem Krieg wurden die Nazi-Insignien entfernt und der Text der Inschrift geändert. Nicht mehr die »Jugend Adolf Hitlers« ehrt seither das Gedenken an die »englischen Sportkameraden«, sondern die »Deutsche Jugend«. Na ja. Wenige Meter entfernt steht auf einer Wiese ein schlichtes Steinkreuz, das ganz ohne Propaganda an eine Katastrophe erinnert, die nicht wetter-, sondern menschenverursacht war.

Sein zweites Gesicht zeigt der Schauinsland noch heute jedem, der allzu selbstsicher das Wetter ignoriert. Die Bergwacht kann ein Lied davon singen.

Adresse Schauinsland | **Anfahrt** Mit dem Auto über den Stadtteil Günterstal zum Schauinsland, ab dem Parkplatz »Rotlache« dem Wegweiser »Rappeneck« folgen. Kurz vor dem Sonnenobservatorium führt rechts ein schmaler Weg hinab zum Engländer-Denkmal. Gehzeit circa 25 Minuten. | **Tipp** Der rund 400 Jahre alte Schniederlihof liegt ebenfalls auf dem Schauinsland-Gipfelrundweg. Ein Bauernhofmuseum bietet Einblicke in das Leben auf einem einsamen Schwarzwaldhof. Der Weg ist ausgeschildert.

19 Das Ensemblehaus

Klang als Erlebnis

Das Ensemblehaus duckt sich hinter die wuchtige ehemalige Stadthalle, einen klassischen 50er-Jahre-Bau. Verstecken muss sich der kompakte anthrazitfarbene Neubau jedoch nicht. Im Gegenteil. Die klare, schnörkellose Architektur, für die das Freiburger Architekturbüro Böwer Eith Murken verantwortlich zeichnet, ist eigentlich ein überraschender Hingucker. Ensemblehaus und Stadthalle bilden auf engstem Raum einen spannenden ästhetischen Kontrast und zeigen dicht beieinander zwei Architekturstile und -epochen.

Mit dem 2012 eröffneten Haus erfüllte sich für zwei international renommierte Freiburger Orchester ein lang gehegter Traum. Das zur weltweiten Spitze gehörende Freiburger Barockorchester und das Ensemble Recherche, eine der bekanntesten Formationen für Neue Musik, fanden hier nach jahrelanger Odyssee endlich eigene Proberäume. Schon beim Betreten des Gebäudes bekommt man Lust auf Musik. Im Gegensatz zur hermetisch und dunkel wirkenden Fassade sind die individuell gestalteten Innenräume hell und lichtdurchflutet. Ein ausgeklügeltes Akustikkonzept ermöglicht überall ein besonderes und einzigartiges Klangerlebnis.

Das Ensemblehaus Freiburg und die Baden-Württembergische Ensemble-Akademie haben sich die spartenübergreifende kulturelle Bildungsarbeit und Nachwuchsförderung auf die Fahnen geschrieben. Deshalb ist das Ensemblehaus nicht nur Werkstatt und Proberaum: Sowohl das Barockorchester als auch das Ensemble Recherche initiieren Projekte, um Kinder an die Musik heranzuführen und zum Klangexperimentieren zu ermutigen. Sogar eine Musikmaschine wurde konstruiert.

Um ein breiteres Publikum für Alte und Neue Musik zu begeistern, finden Werkstattkonzerte statt. Damit geben die Musiker der Öffentlichkeit etwas zurück, denn rund die Hälfte der Gelder für das Ensemblehaus stammt von privaten Spendern, Sponsoren und Stiftungen.

Adresse Schützenallee 72, 79102 Freiburg-Oberwiehre | **ÖPNV** Straßenbahnlinie 1 Richtung Littenweiler, Haltestelle Musikhochschule, von hier aus Richtung Möslestraße | **Öffnungszeiten** Unter dem Titel »Schlag 6 im Ensemblehaus!« laden Musiker beider Ensembles alle vier bis sechs Wochen jeweils um 18 Uhr zu einem kurzen musikalischen Abendauftakt ein. Der Termin wird auf der Internetseite www.ensemblehaus.de veröffentlicht. | **Tipp** Die Hochschule für Musik auf der anderen Seite der Schwarzwaldstraße gehört zu den renommiertesten in Deutschland. Mit einem interessanten Veranstaltungsprogramm schlägt sie die Brücke zwischen Studierenden und Öffentlichkeit.

20 Ernst Rapp

Wunder für Wäsche und Wolle

Die Lage ist filmreif. In der Buttergasse könnte man jeden Historienfilm drehen. Mittelalterlich anmutende Fassaden neigen sich über grobes Kopfsteinpflaster, am Ende der Gasse leuchtet der rote Sandstein des Münsters, und mittendrin wippt über einem Kleiderständer mit bunten Nachthemden das filigrane Firmenschild. Es weist auf eines der ältesten Geschäfte Freiburgs hin. Ernst Rapp, das Fachgeschäft für Wäsche und Wolle, gibt es seit über 100 Jahren. Genauso lang ist es in Familienbesitz. Ein kleines Wunder.

Noch wunderbarer wird es, wenn man den winzigen Laden betritt. Wollknäule in den Regalen vom Boden bis zur Decke. Dazu Strümpfe, Wäsche, Schlafanzüge, Nachthemden – alles in bester Qualität. Die Fülle könnte leicht überfordern, wären da nicht die beiden freundlichen und überaus kompetenten Inhaberinnen, die beratend zur Seite stehen. Das Konzept eines solchen Fachgeschäfts scheint pandemie- und krisenresistent, denn Kundschaft ist eigentlich immer da.

Dabei wurde das Geschäft aus einer Krise heraus gegründet. Friederike Merklin, die Urgroßmutter der heutigen Inhaberinnen, war mit dem Orgelbauer August Merklin verheiratet, der in der Schweiz eine Orgelfabrik besaß. Nachdem diese durch einen Brand zerstört worden war, kehrte die Familie 1908 nach Freiburg zurück, wo Friederike Merklin ein Einzelhandelsgeschäft erwarb. Sie spezialisierte sich auf Weißwaren, Miederwaren und die damals begehrten Schweizer Stickereien. 1923 heiratete eine Tochter den Textilfabrikanten Ernst Rapp, der dem Geschäft seinen Namen gab. Unter dem Label »Rappenwäsche« fertigten zeitweise bis zu 20 Näherinnen feine Damenwäsche, die in der Region geschätzt wurde. Die beiden Kriege gingen nicht spurlos an dem Geschäft vorüber. Mehrmals musste es seinen Standort wechseln, bevor das schöne Firmenschild 1951 an dem 1364 erbauten »Haus zum Tutenkolben« in der Buttergasse aufgehängt werden konnte.

Adresse Münsterplatz 28/Buttergasse, 79098 Freiburg-Altstadt | ÖPNV mit der Straßenbahn zum Bertoldsbrunnen, dann zu Fuß über die Schusterstraße zur Buttergasse | Öffnungszeiten Mo–Fr 9.30–13 und 14.30–18.30 Uhr, Sa 9.30–15 Uhr | Tipp Der Orgelbaumeister August Merklin, Urgroßvater der beiden Inhaberinnen des Geschäfts Ernst Rapp, stammt aus einer alten Breisgauer Orgelbauerdynastie. Von ihm stammt die wertvolle Orgel in der Kirche von Freiburg-Waltershofen.

21 Das Erpeldenkmal

Rettung durch Schnattern

Ein unscheinbares Denkmal im Stadtgarten soll an die grauenvolle Nacht erinnern, die Freiburg am 27. November 1944 erleben musste. Inmitten eines grünen Tümpels reckt eine Ente aus Stein lautlos schnatternd den Hals gen Himmel, während sich drum herum die Artgenossen aus Fleisch und Blut handfeste Revierkämpfe liefern, skeptisch beäugt von einem Fischreiher. Der Rest ist friedvolle Parkidylle. Junge Mütter mit Kinderwagen beim improvisierten Picknick auf dem akkurat geschnittenen Rasen, ein paar Rentner, die in der Sonne sitzen, eine Reisegruppe auf Fotosafari – Sommersaison im Freiburger Stadtgarten eben.

Der Bezug der Ente zu jener Nacht 1944, als Freiburg in einem 20-minütigen Bombenangriff durch die britische Royal Air Force fast komplett in Schutt und Asche gelegt wurde, beruht auf einer Legende. Minuten vor dem Angriff habe der Erpel – offenbar war es wichtig, hervorzuheben, dass es sich um eine männliche Ente handelte – durch heftiges Geschnatter die Menschen in der Umgebung des Stadtgartens gewarnt. Sie hatten gerade noch Zeit, sich in die Luftschutzkeller zu retten. Fakt ist, dass die Bilanz dieser Nacht trotzdem verheerend war und sich tief in das Gedächtnis der Freiburger eingegraben hat. Etwa 14.000 Bomben gingen auf die Stadt nieder, 2.797 Menschen kamen ums Leben, viele Opfer blieben unter den Trümmern begraben. Über 4.000 wurden verletzt, 5.700 Wohnungen komplett zerstört, unzählige schwer beschädigt. Teile der Altstadt lagen komplett darnieder. Wie durch ein Wunder blieb das Münster stehen, was zu allerlei Spekulationen führte.

Geschichten von wundersamen Rettungen hatten im traumatisierten Freiburg der Nachkriegszeit Konjunktur. Die Mär vom Erpel hielt sich so hartnäckig, dass ihm 1953 ein Denkmal gesetzt wurde. Der damalige Oberbürgermeister sah darin ein »Mahnmal für den Weltfrieden«. Heute gehört der steinerne Erpel zum Inventar des Stadtgartens.

Adresse Stadtgarten, 79104 Freiburg-Neuburg | ÖPNV Straßenbahnlinie 2, Haltestelle Europaplatz | Tipp Eine einfache im Boden eingelassene Gedenktafel auf dem Freiburger Hauptfriedhof erinnert an die Opfer des Bombenangriffs, die nicht geborgen werden konnten.

22 Der Ewige Teiler

Kehrseite der Bächle-Idylle

Wenn etwas geteilt werden soll, ist die Gefahr groß, dass es Streit gibt. Und wenn es sich dabei um ein so wertvolles Gut wie Wasser handelt, kann es ziemlich handfest zugehen. Insofern wundert es nicht, dass der »Ewige Teiler« in der Fischerau über Jahrhunderte als Zankobjekt aktenkundig wurde.

Wer vom Martinstor kommend in die Fischerau einbiegt, steht unvermittelt vor dem Gewerbekanal, der rauschend unter der Straße verschwindet. Hier befindet man sich in einem Stück Uralt-Freiburg, das fast mittelalterlich anmutet. Die eindrucksvolle Szenerie macht deutlich, dass hinter der Bächle-Idylle etwas ganz anderes steckt als ein tourismusförderndes Alleinstellungsmerkmal. Die Nutzung der Wasserkraft ist seit jeher ein großes Thema in der Stadt. Das Kanalsystem, das die Bächle speist, wird heute noch zur Energiegewinnung genutzt. Selbst in der Innenstadt gibt es Wasserkraftwerke.

Der Ewige Teiler spielt hierbei eine wichtige Rolle. Er ist fest im Kanalbett installiert, teilt die ankommenden Wassermassen und lenkt sie in zwei verschiedene Richtungen. Das meiste Wasser wird durch die südlichen Stadtteile Stühlinger und Lehen und von da aus wieder in die Dreisam geleitet. Der Rest fließt über Herdern nach Norden. Diese Aufteilung, die eine gerechte Wasserversorgung gewährleisten sollte, sorgte schon im Mittelalter immer wieder für heftigen Streit. Die Fischer, nach denen die Fischerau benannt wurde, wollten sauberes Wasser. Die Gerber einige Meter weiter oben am Kanallauf wollten ihre Abwässer im Kanal entsorgen. Die Müller klagten über zu wenig Wasser auf ihren Mühlen. Und der Gutshof des Klosters Tennenbach, der am Nordarm des Kanals lag, sah sich wiederum durch die Müller trockengelegt.

Was heute noch an die zänkischen Zeiten erinnert, sind die Fischkästen im Wasser am Rand des Kanals, in denen die Fischer einst ihren Fang frisch hielten – falls die Gerber mit ihren Abwässern nicht dazwischenfunkten.

Adresse Fischerau, 79098 Freiburg-Altstadt | **ÖPNV** Straßenbahnlinie 2 und 3, Haltestelle Bertoldsbrunnen | **Tipp** Wenn man den Gewerbekanal in Richtung Gerberau und Schwabentor geht, kommt man zum Wasserkraftwerk der Reinigung Himmelsbach. Mit dem Wasser des Gewerbekanals werden hier schon seit Jahrhunderten Mühlräder und Turbinen angetrieben. Seit 2010 produziert eine moderne Turbine jährlich 80.000 Kilowattstunden Strom.

23 Die Fahrradzählstation

Wo Freiburg fest im Sattel sitzt

Alle sitzen im Sattel. Professoren, junge Mütter und Väter mit ihren Sprösslingen, Rentner, Schüler und Studenten sowieso. Freiburg sitzt fest im Sattel. Für jeden Fußgänger, der sich seinen Weg mit Radlern teilt, ist die Green City die Stadt mit den – gefühlt – meisten Radfahrern. Kein Laternenpfosten, kein Baum, kein Brückengeländer, kein Gartenzaun, an dem nicht ein Fahrrad abgestellt ist. Auf den genehmigten Stellplätzen verdichten sich die Räder zu einem wilden Gesamtkunstwerk aus Speichen, Lenkern, Pedalen.

Gut 30 Prozent des Straßenverkehrs findet auf zwei Rädern statt. Spitzenwerte werden auch bei den Fahrraddiebstählen und den Fahrradunfällen verzeichnet. Offiziell liegen in allen drei Disziplinen Karlsruhe, Münster und Freiburg auf den vordersten Plätzen. Als Präsent für den Titel »Fahrradfreundliche Kommune« gab es bereits 2012 vom Land Baden-Württemberg eine Fahrradzählstation, die erste im Ländle. Die Säule wurde am Aufgang zur Wiwili-Brücke aufgestellt, an einer der angeblich meistbefahrenen Radstrecken in Deutschland. Jeder, der über die Brücke radelt, wird seither mittels eines Sensors am Boden gezählt. An trockenen Tagen macht es rund 10.000-mal »klick« auf der Brücke, wobei sich manchmal auch ein Roller in die Tagesstatistik mogelt.

Die Wiwili-Brücke bietet noch einen weiteren Superlativ: Sie ist die Brücke, die am häufigsten umbenannt wurde. Das 158 Meter lange Bauwerk wurde 1886 als Verbindung zwischen dem Stadtteil Stühlinger und der Innenstadt von Max Meckel erbaut. Zunächst hieß sie Kaiser-Wilhelm-Brücke, im Volksmund »d'hoh Brick«, später Stühlinger-Brücke. Wegen der markanten blauen Stahlkonstruktion wird sie auch »Blaue Brücke« genannt.

Seit 2003 heißt sie Wiwili-Brücke nach der gleichnamigen Partnerstadt in Nicaragua, in der die Freiburger Berndt Koberstein und Tonio Pflaum während eines humanitären Hilfseinsatzes von den Contras ermordet wurden.

Adresse Bismarckallee, 79098 Freiburg-Altstadt | ÖPNV Straßenbahnlinien 1, 3, 5, Haltestelle Hauptbahnhof, oder mit dem Fahrrad beziehungsweise zu Fuß von der Bismarckallee Richtung Schnewlinstraße | Tipp Wer ohne Fahrrad nach Freiburg kommt, kann sich auf der anderen Seite der Wiwili-Brücke in Richtung Stühlinger eines ausleihen, und zwar in der Fahrradstation, Freiburgs erstem und einzigem Fahrradparkhaus.

24 Das Forum Merzhausen

Griff nach Stars und Sternen

Merzhausen erinnert ein wenig an jenes kleine gallische Dorf, bevölkert von unbeugsamen Einwohnern, die dem großen Nachbarn durch pfiffige Aktionen so erfolgreich Widerstand leisteten. Dabei ist gar nicht so leicht zu erkennen, wo Merzhausen anfängt und Freiburg endet. Wie so oft ist der Übergang fließend. Das offizielle Ortsschild, das sich im Schilderwald eines Kreisverkehrs verbirgt, ist leicht zu übersehen. Am ehesten macht sich die »Grenze« beim Wechsel vom Freiburger Flüsterasphalt zum Rumpelasphalt der Dorfstraße bemerkbar. Ortsunkundige verwechseln Merzhausen oft mit einem Freiburger Stadtteil. Die Merzhauser weisen solche Unterstellungen in der Regel mit Empörung zurück. Schließlich konnten sie sich trotz der unmittelbaren Nähe zu Freiburg der Eingemeindung standhaft widersetzen.

An Selbstbewusstsein mangelt es dem rund 5.000-Seelen-Dorf ebenso wenig wie einst den Galliern. Davon zeugt das 2012 eröffnete Forum Merzhausen, ein Bürgerzentrum mit urbanem Flair, das so manch größere Kleinstadt vor Neid erblassen lässt. Großzügig geschwungene Linien, viel Glas und ein harmonisches Miteinander von Farben und Formen machen diese Visitenkarte des Ausnahme-Dorfes zum Blickfang. Die Architekten Matthias Hotz, Karin Sinnwell und Petra Haindl dachten aber nicht nur an die Ästhetik, sondern auch an die Bürger und gestalteten den Außenbereich so, dass man Lust hat, sich dort aufzuhalten. Deshalb ist auf dem Platz um das Forum immer etwas los.

Das gilt auch für den Innenbereich, der mit einem 400 Quadratmeter großen Konzertsaal und modernster Bühnen- und Tontechnik Superlative zu bieten hat. Und als ob das Kulturangebot im benachbarten Freiburg nicht schon ambitioniert genug wäre, greift man nun auch in Merzhausen nach den Sternen. Dem Verein »Artisse« gelang es, mit Kulturfestivals internationale Stars ins Dorf zu holen. Da staunen die Römer.

Adresse Dorfstraße 3, 79249 Merzhausen | ÖPNV Straßenbahnlinie 3, Haltestelle Paula-Modersohn-Platz, dann weiter mit der Buslinie 12, Haltestelle Merzhausen Ortsmitte | Öffnungszeiten geöffnet nur zu Veranstaltungen, Termine unter www.artisse.de | Tipp Einen Kontrast zur modernen Architektur des Forums bildet das Gasthaus Hirschen, Friedhofsweg 3, eines der ältesten Gebäude der Gemeinde. Seit 1620 gibt es den Hirschen, heute ist er eine gute Adresse für klassisch badische Küche.

25 Die Freiau

Keimzelle des Häuserkampfs

Im Erdgeschoss war die Spielhölle, eine Treppe höher florierte der Bordellbetrieb. Heute residiert unten eine Kneipe mit wechselnden Pächtern. Oben ist eine ganz normale Wohnung. Trotz solch sozialer Konsolidierung ist die Freiau Lichtjahre entfernt von Freiburgs Vorzeige-Stadtteilen.

Die einfachen, zum Teil bunt angestrichenen Holz-Reihenhäuschen wirken etwas armselig angesichts der Prachtvillen in der benachbarten Wiehre und der stylishen Bürotürme gleich nebenan. Dennoch lohnt es sich, einen genaueren Blick auf und in die Freiau zu werfen, denn sie ist in vielerlei Hinsicht historisches Gelände. Anfang der 1970er Jahre entzündete sich hier der Häuserkampf, der Freiburg viele Jahre heiße Tage und Nächte mit Demonstrationen in einem bis dato in der südbadischen Idylle nicht gekannten Ausmaß bescherte. Die einstige Arbeitersiedlung, 1874 als eine der ersten in Fertigbauweise errichtet, sollte dem Autobahnzubringer Platz machen. Weil aber die Wohnungsnot groß und bezahlbarer Wohnraum chronisch knapp war, brach eine Protestlawine los. 1971 besetzten Studenten und linke Aktivisten das erste Haus, weitere folgten. 1974 und 1975 kamen die Bagger. Die Freiau wurde mit massivem Polizeieinsatz geräumt und abgerissen. Von den 50 Häusern blieben 23 übrig. Wo früher ein direkter Zugang zur Dreisam war, rollt jetzt der Verkehr.

Die Räumung war in gewisser Weise die Geburtsstunde der linken und alternativen Szene in Freiburg. Nicht wenige der Aktivisten von damals strickten später in kommunalpolitischen Gremien an den Geschicken der Green City mit. Seit 1986 steht das, was von der Freiau übrig geblieben ist, unter Denkmalschutz. Die Reihenhäuschen erleben inzwischen eine Renaissance als Thema von Masterarbeiten in Soziologie oder Städtebau. Und weil preiswertes Wohnen immer noch ein Brennpunktthema in Freiburg ist, sind die Bullerbü-bunten Holzhäuser trotz Verkehrslärm begehrt.

Adresse Freiau, 79100 Freiburg-Wiehre | Anfahrt vom Hauptbahnhof auf der Heinrich-von-Stephan-Straße Richtung B 31 und Freiaustraße | Tipp Die Freiau ist durch die Heinrich-von-Stephan-Straße brachial zweigeteilt. Der Rest der Häuschen befindet sich ziemlich einsam auf der anderen Seite der vierspurigen Straße, umzingelt von Bürohäusern und Bahngleisen.

26 Der Freiburger Kapellenberg

Wo der Uni-Wein wächst

Wo kein Wald wächst, wächst Wein. Von zwei Seiten ist Freiburg vom Schwarzwald umzingelt, im Westen und Norden öffnet sich die Rheinebene. Hier verwöhnt die Sonne auf knapp 10.000 Hektar Fläche die badischen Reben. Auf knapp zwei Hektar wachsen die Weinstöcke der Albert-Ludwigs-Universität, die über die Müller-Fahnenberg-Stiftung zu den kleinsten Weingütern Deutschlands gehört. Ein besonders sonniges Örtchen für die akademischen Gewächse ist der Kapellenberg am Tuniberg bei Munzingen. In Sichtweite des mächtigen Belchenmassivs liegt der südlichste Stadtteil in einem der sonnigsten und wärmsten Gebiete des Landes.

Unzählige Wege ziehen sich durch die terrassenförmigen Rebflächen und bilden ein Eldorado für Wanderer, Biker und Jogger. Seit 845 wird in Munzingen Wein angebaut, seit 1984 ist auch die Uni mit dabei, und zwar ziemlich erfolgreich. Die Weine ernteten Gold-, Silber- und Bronzemedaillen und sind sogar käuflich zu erwerben (www.zuv.uni-freiburg.de). Bei so viel Exzellenz kann es vorkommen, dass bei der Weinlese selbst Uni-Prominenz zur Rebschere greift. Ausgebaut werden die rund 8.000 bis 10.000 Flaschen, die jährlich aus den Trauben in Munzingen und Pfaffenweiler gekeltert werden, im Winzerhof Ebringen.

Der Weinbau hat an der Universität Freiburg eine lange Tradition, denn schon bei ihrer Gründung 1457 bestand ein Teil des Grundbesitzes aus Rebflächen. Vollkommen üblich war es damals, das Professorengehalt in Grundnahrungsmitteln zu begleichen, und dazu gehörte auch Wein. Selbst die Studenten gingen nicht leer aus. Für ihre Studiengebühren konnten sie ins stets gefüllte Glas schauen. In den Wohnheimen gehörten Wasser und Wein zum Essen dazu. Und laut Statutenbuch war Weinentzug eine besonders harte Disziplinarmaßnahme für die damals 14- bis 16-jährigen Studenten.

Adresse Kapellenberg, 79112 Freiburg-Munzingen | Anfahrt Von Freiburg über den Zubringer Mitte Richtung Munzingen, zum Kapellenberg am Ortsende rechts in Richtung Sportanlagen bis zum Waldparkplatz. Von hier aus geht es zu Fuß weiter. Der Weg zum Kapellenberg ist ausgeschildert. | Tipp Die Erentrudiskapelle thront auf der Spitze des 260 Meter hohen Kapellenbergs. Sie gilt als Wahrzeichen des Tunibergs. Benannt ist die Kapelle nach der Salzburger Äbtissin Erentrudis. Zur Kapelle gelangt man über die Ehrentrudisstraße und die Windhäuslegasse – am besten mit dem Fahrrad.

27 Die Gartenstadt

Bobbycar auf der Überholspur

Aus der Luft sieht sie aus wie ein riesiger Fächer mit roten Streifen auf grünem Grund: Die Freiburger Gartenstadt besteht aus ziegelgedeckten Reihenhäusern, umgeben von sehr viel Garten. Sie ist eine Enklave inmitten einer Besiedelung, die von Verdichtung und Nachverdichtung geprägt ist. Und sie ist ein Gesamtkunstwerk, das vor 100 Jahren als Gegenentwurf zu den städtischen Mietskasernen entstand.

Der Fokus lag nicht auf luxuriösem Wohnen, denn die eineinhalb- bis zweieinhalbgeschossigen Reihenhäuschen sind bescheiden ausgestattet. Im Vordergrund stand eine andere Idee: Die Bewohner sollten in den großzügig bemessenen Gärten Gemüse und Obst anbauen und zu Selbstversorgern werden. Sogar ein kleiner Stall für Hühner oder Kaninchen stand auf jedem Grundstück. Inzwischen ist die Gartenstadt begehrtes und noch relativ bezahlbares Wohngebiet für junge Familien und ein Paradies für Kinder. Die meisten Straßen sind Spielstraßen, hier kann es passieren, dass ein Autofahrer von einem Knirps auf dem Bobbycar überholt wird.

Seit 1986 steht die Gartenstadt im Ortsteil Haslach als wichtiges Dokument für Stadtbau- und Architekturgeschichte unter Denkmalschutz. Sie ist deutschlandweit eine der wenigen Anlagen, die in den 1920er Jahren gebaut wurden und bis heute nahezu komplett erhalten sind. Dass selbst einige Gartenzäune, Fenster und Haustüren die Zeit überdauert haben, versetzte die Denkmalschützer geradezu in Verzückung.

Die Entstehung der Anlage geht auf die Gartenstadtbewegung zurück, die in England im ausgehenden 19. Jahrhundert ihren Ursprung hatte. Das neue städtebauliche Konzept sollte Arbeitern in Zeiten, die durch Wirtschaftskrise, Krieg und Hunger geprägt waren, bessere Wohn- und Lebensverhältnisse ermöglichen. Solche Ideen waren damals geradezu revolutionär und machen die Gartenstadt heute zu einer städtebaulichen Besonderheit.

Adresse Gartenstadt, 79115 Freiburg-Haslach | ÖPNV Buslinie 5, Haltestelle Haslach Bad | Tipp Die älteste Arbeitersiedlung Südbadens steht zwischen Schwarzwaldstraße und Schützenallee. Die Knopfhäusle ließ der Knopffabrikant Jeremias Risler Ende des 19. Jahrhunderts für seine Arbeiter erbauen. Ein Großteil der inzwischen unter Denkmalschutz stehenden Reihenhäuser fiel Anfang der 1980er Jahre dem Abrissbagger zum Opfer.

28 Die Gaskugel

Das Wahrzeichen des Westens

Man sieht sie schon von Weitem und übersieht sie doch leicht, denn sie gehört einfach zum Stadtbild dazu. Die 2019 stillgelegte Gaskugel ist das Wahrzeichen des Westens. Sie steht auf einem parkartigen Gelände direkt an der Dreisam im Stadtteil Betzenhausen. Getragen von einem Gestell aus 15 Doppelstützen, das an einen futuristischen Eierbecher erinnert, lugt sie zwischen hochgewachsenen Bäumen hervor. Seit Ende 2019 ist die Gaskugel eines der jüngsten Denkmale Freiburgs. Sie gilt als Dokument der Geschichte der Energieversorgung in den 1960er Jahren. Kugelgasbehälter waren damals der letzte Schrei der Speichertechnik, denn sie fassten relativ große Gasmengen.

Fünf Jahrzehnte diente die über 35 Meter hohe Anlage als Reservespeicher. 120.000 Kubikmeter Erdgas konnten unter großem Druck in den 20.000 Kubikmeter fassenden Hohlraum der Kugel gepresst werden. Das reichte für die Versorgung von rund 100 Haushalten. Angesichts dieser Gasmengen hielt sich die Begeisterung bei den Bewohnern von Betzenhausen sehr in Grenzen, als die Gaskugel 1965 gebaut wurde. Man befürchtete Explosionsgefahr. Das 585 Tonnen schwere Ungetüm aus Stahlblech war ihnen unheimlich.

Heute ist das Erdgasnetz europaweit verbunden, Druckbehälter wie die Gaskugel haben ausgedient und werden meist abgerissen. Kurz vor ihrem 55. Geburtstag war auch für die Freiburger Anlage Schluss. Doch an Abriss ist dank Denkmalschutz nicht zu denken. Innerhalb kürzester Zeit bildete sich eine starke, gut vernetzte Allianz für den Erhalt der inzwischen geliebten Gaskugel. Ideen für eine neue Nutzung gibt es viele. In jedem Fall sollen das Industriedenkmal und der Park einem interessierten Publikum erlebbar gemacht und für künftige Generationen bewahrt werden. Schon heute lohnt es sich, bei einem Spaziergang auf dem Fuß- und Radweg an der Dreisam einen Blick auf das imposante Bauwerk zu werfen.

Adresse Fischermatte 3, 79111 Freiburg | ÖPNV Straßenbahnlinie 1 bis Betzenhauser Torplatz, dann von der Sundgauallee in die Dietenbachstraße und dieser bis zur Fischermatte folgen; mit dem Fahrrad: Gaskugel direkt am Dreisam-Radweg von Freiburg nach Betzenhausen | Tipp Wer von der Sundgauallee in die Dietenbachstraße abbiegt, befindet sich plötzlich in einem Dorf mitten in der Stadt. Alt-Betzenhausen hat viel von seinem ursprünglichen Flair bewahrt. Sehenswert ist die Kirche St. Thomas, eines der ältesten Gebäude im Stadtteil.

29 Der Geiges-Turm

Kunst im Glashaus

Man muss schon zweimal hinschauen, um den Geiges-Turm zu entdecken. Eingequetscht zwischen Neubauten und verdeckt von Bäumen wirkt das quaderförmige Gebäude fast wie ein seltsamer Fremdkörper. Benannt ist der 1889 erbaute vierstöckige Turm nach Fritz Geiges, Restaurator, Monumental- und Glasmaler, der hier sein Atelier hatte. Ein Bildnis des heiligen Christophorus bedeckt wie eine überdimensionale Geiges-Signatur einen Teil der Außenfassade des Ateliertturms.

Fritz Geiges war um die Jahrhundertwende in ganz Deutschland gefragt und auch international anerkannt. Von ihm stammen unter anderem die Fenster der alten Gedächtniskirche in Berlin und das Fußbodenmosaik im Chor des Kölner Doms. In Freiburg kennt man ihn aber vor allem wegen seines Münster-Engagements. Unter seiner Regie wurden die Münsterfenster wiederhergestellt sowie die Turmvorhalle akribisch dokumentiert und restauriert. Für die monumentalen Arbeiten war das Atelier bestens geeignet. Die Verglasung der kompletten Nordfassade war so vor den Geschossdecken angebracht, dass Geiges die riesigen Glasgemälde vormontieren konnte, ehe sie im Münster ihren endgültigen Platz fanden. Noch heute beeindruckt die Glasfront des denkmalgeschützten Turm-Ateliers. Auch nach Geiges' Tod 1935 wurden die Räume weiter von Kunstschaffenden genutzt. Zunächst zog die damals noch eigenständige Freiburger Kunstakademie ein, ab 1956 die Außenstelle der Kunstakademie Karlsruhe. Jahrelang war der Geiges-Turm für die Meisterschüler von Peter Dreher Atelier und Ausstellungsraum.

2004 begann in dem mittlerweile renovierten Turm eine neue Ära. Mit dem »T66 Kulturwerk« brachte die Avantgarde frischen Wind in die traditionsreichen Räume und präsentierte regionale und internationale Ausstellungskonzepte. Dank seines Programms hat es das Netzwerk geschafft, dass der Turm heute der Öffentlichkeit zugänglich ist.

Adresse Talstraße 66, 79102 Freiburg-Wiehre | ÖPNV Straßenbahnlinie 1 Richtung Littenweiler, Haltestelle Brauerei Ganter | Öffnungszeiten Do, Fr, So 14–18 Uhr | Tipp Im Redoutenhaus neben dem Historischen Kaufhaus hat Geiges eine Vereinsstube im Stil einer Trinkstube aus dem 16. Jahrhundert mitgestaltet. Eine neuzeitliche Trinkstube befindet sich in der Talstraße, Ecke Hildastraße ganz in der Nähe des Geiges-Turms. Weber's Weinstube hat Generationen von Studierenden den badischen Wein nähergebracht – nicht zuletzt dank studentenfreundlicher Öffnungszeiten.

30 Die Gerichtslaube

Wer sitzt wo, und wer bezahlt die Schulden?

Die Gerichtslaube liegt etwas versteckt hinter dem Rathausplatz. Das in den 1970er Jahren schmuck renovierte Gebäude ist das älteste Rathaus der Stadt. Besonderer Blickfang ist die markante maßwerkverzierte Freitreppe, die zum prächtigen Saal im Obergeschoss führt. 1303 wurde das Rathaus erstmals erwähnt. Hier tagten die Stadträte und im Winter das Gericht. Das Gefängnis war praktischerweise nebenan. Von Herbst 1497 bis September 1498 war die Gerichtslaube Schauplatz des Reichtags, den der Habsburger König und spätere Kaiser Maximilian I. in der Stadt abhielt. Die fast ein Jahr dauernde Gastgeberrolle war für Freiburg eine gigantische logistische und finanzielle Herausforderung.

Zurück blieben ein Berg Schulden und eine neue Krankheit namens Franzosenkrankheit, die später als Syphilis berühmt wurde. Zurück blieb aber auch die königliche Gemahlin Bianca Maria. Der unter chronischer Geldknappheit leidende König hatte sie kurzerhand als Schuldpfand in Freiburg zurückgelassen, da er seine Zeche nicht zahlen konnte. Zwei Jahre musste sie hier ausharren. Es war nicht das erste Mal, dass Bianca Maria, nachdem ihre stattliche Mitgift im Staatssäckel Maximilians verdunstet war, als Pfand herhalten musste.

Insgesamt war dem Reichstag in Freiburg ein mäßiger Erfolg beschieden. Dafür gab es reichlich Gezänk, unter anderem um die Sitzordnung in der viel zu engen Gerichtslaube, wo sich die Fürsten weigerten, tiefer zu sitzen als die Kurfürsten. Haupttagesordnungspunkt aber war das Geld, das Maximilian brauchte und das die bürgerlichen Stände nicht zahlen wollten. Zu einer Einigung kam es immerhin im flüssigen Segment. Beschlossen wurde – hoffentlich nicht unter dem Eindruck der in Freiburg genossenen Weine – eine Verschärfung der Weinordnung, eine Art Reinheitsgebot für Wein. Untersagt wurde darin eine »Verböserung der Weine durch Zucker, Schwefel oder gar mit Giften …«

Adresse Turmstraße 20, 79098 Freiburg | ÖPNV Straßenbahnlinie 2 und 3, Haltestelle Bertoldsbrunnen | Tipp Eigentlich sollte Maximilian I. während des Reichtags in einem neuen Prachtbau logieren, dem heutigen Historischen Kaufhaus am Münsterplatz. Doch der Bau wurde nicht fertig. Ein Standbild des Königs und späteren Kaisers schmückt die Fassade des Kaufhauses.

31 Das Granatgässle

Prunk und Glitzer für alle Welt

Das Granatgässle am Rande der Altstadt kommt wunderbar unsaniert und verschlafen daher. Eine Szenekneipe mit hohem Bieroutput, daneben ein Jazzkeller, gegenüber ein Erotikmarkt, am Ende der Eingang zur Schwabentorgarage. Touristen verirren sich allenfalls hierher, wenn sie den Eingang zum Parkhaus suchen. Etwas lebendiger wird es nachts, wenn die Kneipenbesucher unterwegs sind.

Das Granatgässle verdankt seinen Namen einer untergegangenen Boombranche, die der Stadt einst großen Reichtum bescherte. Über Jahrhunderte war Freiburg nicht nur wegen des Münsterturms berühmt, sondern vor allem wegen seiner Edelsteinschleifereien. Achat, Jaspis, Bergkristall und vor allem Granatstein wurde hier tonnenweise verarbeitet. Zeitweise hatte die Stadt sogar das Monopol auf Granat. Dank einer Verordnung des Kaisers Rudolf II., der gleichzeitig König von Böhmen war, mussten ab 1601 sämtliche Granatsteine, die im Egerland gefördert wurden, nach Freiburg oder ins wenige Kilometer entfernte Waldkirch verkauft werden.

Lieferadresse für die Rohsteine war das Historische Kaufhaus am Münsterplatz. Hier holten die Meister, die sich zur Bruderschaft der Bohrer und Balierer (Polierer) zusammengeschlossen hatten, die Ware ab. Auf tonnenschweren, mit Wasserkraft angetriebenen Schleifsteinen aus Sandstein erhielten die Rohlinge den ersten Schliff. Die Betriebe standen an den Gewerbekanälen, wo heute noch Relikte ausgegraben werden. Die Edelsteine gingen in alle Welt. Besonders begehrt waren kunstvolle Gefäße aus Bergkristall.

Wenn es um die Verteidigung ihrer Privilegien ging, zeigten sich die Meister nicht gerade zimperlich. Und so ist die Ära der Edelsteinschleifereien auch eine Geschichte von Neid, Missgunst, Streit und Verleumdung. Letztlich half alles nichts, das Monopol fiel, und 1820 schloss die letzte Freiburger Edelsteinschleiferei. Was blieb, ist das Granatgässle.

Adresse Granatgässle, 79102 Freiburg-Oberau | **ÖPNV** Straßenbahnlinie 2 Richtung Littenweiler, Haltestelle Schwabentorbrücke, von hier aus einige Meter zurück bis zum Granatgässle | **Tipp** Jazz-Sessions, Rebeat Funk und andere Spezialitäten gibt es im Ruefetto, dem szenigen Kellerclub im Granatgässle (www.ruefetto.de).

32 Das Haus zum Walfisch

Wo Erasmus und der Horror wohnten

Der Portalerker mit seinen Säulen, Maßwerkbögen, Gesimsen, Kreuzblumen und Wasserspeiern ist einer der prachtvollsten Profanbauten weit und breit und zeigt das volle Programm der Spätgotik. Und er trägt dazu bei, dass das 1518 erbaute Haus zum Walfisch eines der schönsten Sparkassengebäude Deutschlands ist. Bauherr war Jakob Villinger, seines Zeichens Generalschatzmeister von Kaiser Maximilian I., womit eine gewisse Kontinuität zur heutigen Nutzung gegeben ist.

Hinter den bleiverglasten Fensterscheiben residierte von 1529 an Erasmus von Rotterdam, nachdem er vor der Reformation aus Basel geflohen war. Besonders erquicklich scheinen die Freiburger Jahre für den weltberühmten Gelehrten nicht gewesen zu sein. Weder mundete ihm die badische Fastenküche, noch bekam ihm das Wetter. Außerdem fühlte er sich durch seine Mitbewohner gestört, ein Problem, das man bis heute in Wohngemeinschaften kennt. Hinzu kamen ständige Querelen um die Höhe der Miete, die 1531 in der Kündigung durch seine Vermieterin gipfelten und das Freiburgbild des prominenten Gastes zusätzlich verdüsterten. So gestimmt, sah er in dem vor seinem Erkerfenster munter dahinplätschernden Bächle lediglich ein weiteres Horrorszenario: »Hier herrscht große Unreinlichkeit. Durch alle Straßen dieser Stadt läuft ein künstlich geführter Bach. Dieser nimmt die blutigen Säfte von Fleischern und Metzgern auf, den Gestank aller Küchen, den Schmutz aller Häuser, das Erbrochene und den Harn aller, ja sogar die Fäkalien von denen, die zu Hause keine Latrine haben. Mit diesem Wasser werden die Leintücher gewaschen, Weingläser gereinigt, ja sogar die Kochtöpfe …«, schreibt er angewidert in einem Brief.

Einige Jahrhunderte später war das Haus zum Walfisch tatsächlich Kulisse für einen Horrorfilm. Dario Argento drehte hier im Jahr 1977 Szenen für »Suspiria«, den ersten Teil seiner blutrünstigen »Muttertrilogie«.

Adresse Franziskanerstraße, 79098 Freiburg | ÖPNV Straßenbahnlinien 1, 2, 3, 5, Haltestelle Bertoldsbrunnen, oder zu Fuß vom Bertoldsbrunnen Richtung Sparkasse, links in Franziskanerstraße | Öffnungszeiten Zu den üblichen Schalterzeiten der Sparkasse kann man zumindest das prächtige Foyer des Erasmus-Domizils besichtigen. Hier finden auch regelmäßig Ausstellungen statt. | Tipp Eramus blieb trotz aller Unbill sechs Jahre in Freiburg. Nach seinem Auszug aus dem Haus zum Walfisch kaufte er sich das Haus »Zum Kindlein Jesu«, heute Schiffstraße 7. Hier steht inzwischen ein Einkaufszentrum.

33 Das Haus zur Häxen

Rittersaal im Schuhgeschäft

Zum Glück waren die Wände dick mit Ruß bedeckt. So überlebten die mittelalterlichen Fresken bis in die Neuzeit. Wer heute das Schuhhaus Lüke in der Schusterstraße betritt und nicht sofort die aktuellen Schuhmodelle ins Visier nimmt, sondern den Blick nach oben schweifen lässt, der merkt, dass hier einiges anders ist. Die opulenten barocken Deckenmalereien mit floralen Motiven und das gotische Gebälk – alles echt. Und alles ziemlich überraschend für ein Schuhgeschäft.

Zur Herrenabteilung im ersten Obergeschoss führt ein Treppenturm mit einer spätgotischen Steinwendeltreppe, eine der schönsten in Freiburg. Oben betritt man eine Art Rittersaal. Dass der Raum das Herz eines jeden Bauhistorikers höherschlagen lässt, liegt nicht zuletzt an den überraschend gut erhaltenen Wandmalereien. Sie stammen aus dem ausgehenden 15. Jahrhundert und zeigen Pflanzen- und Tiermotive sowie kunstvoll verzierte Wappen – ein Who is who der im Breisgau angesiedelten Rittergeschlechter. All diese Schätze wurden bei der grundlegenden Sanierung des denkmalgeschützten Hauses in mehreren Bauabschnitten von 1980 bis 1987 freigelegt. Eigentlich sollte es nur ein einfacher Um- und Erweiterungsbau werden. Ein Riss im Putz weckte jedoch den Verdacht, dass darunter mehr verborgen sein könnte als blankes Mauerwerk. Und je mehr man sich auf die Spurensuche nach der Vergangenheit des Hauses einließ, desto mehr kam zum Vorschein. Am Ende hatte das Haus ein komplett anderes Gesicht und eine Geschichte, die bis 1220 zurückreicht.

Erstmals schriftlich erwähnt wurde es 1460 als »Haus zur Häxen«. Um den Namen rankt sich die Legende von einem Verlies im Innenhof und einem unterirdischen Gang zum nahe gelegenen Münsterplatz. Ab 1565 hieß es »Haus zu den drei goldenen Schwänen«. Die Namen prangen heute in kunstvoll geschwungenen Lettern wieder auf der Außenfassade.

Adresse Schuhe Lüke, Schusterstraße 33, 79098 Freiburg-Altstadt | ÖPNV Straßenbahnlinie 1, Haltestelle Oberlinden, dann in die Herrenstraße und links in die Schusterstraße | Öffnungszeiten während der Ladenöffnungszeiten | Tipp Bereits wenige Meter weiter in der Herrenstraße 34 wartet die nächste bauhistorische Überraschung: Im »Haus zur Waage«, in dem heute die Liga Bank untergebracht ist, gibt es in der Schalterhalle eine der ältesten Decken Freiburgs zu bewundern. Sie stammt aus dem Jahr 1190.

34 Das Heliotrop

Der Dreh mit der Sonne

Es dreht sich seit zwei Jahrzehnten. Das Heliotrop, 1994 von dem Freiburger Architekten und Solarpionier Rolf Disch erbaut, war das erste Drehsolarhaus und damals weltweit das einzige, das mehr Energie produzierte, als es verbrauchen konnte. In einem besonders idyllischen Winkel von Freiburg gelegen, dort, wo Merzhausen auf die Weinberge des Schlierbergs trifft, erhebt sich die ungewöhnliche Konstruktion aus Holz und Glas.

Von Weitem erinnert das Heliotrop an eine Dose mit aufgeklapptem Deckel. Wobei der »Deckel« das aufgestellte Sonnensegel auf dem Dach ist, eine Photovoltaikanlage, die Solarstrom produziert. Der zylinderförmige Rumpf ist das eigentliche Wohnhaus. In seinem Inneren regiert kompakte Technik. Der Architekt hat seinerzeit alles hineingepackt, was in Sachen Nachhaltigkeit und Solartechnik möglich war, inklusive interner Kompostierung der organischen Abfälle, Nutzung von Regenwasser und einer eigenen Abwasserklärung mittels einer bepflanzten Teichkaskade.

Beinahe ein Wunder ist, dass das Heliotrop auch heute noch als Vorzeigeobjekt taugt, so innovativ und vorausschauend war das Konzept. Das Prinzip, das dahintersteckt, kann man mit dem der heliotropen Pflanzen vergleichen, die Wachstum und Bewegung nach der Sonne ausrichten. Entsprechend hat das Haus zwei Gesichter: eine Glasfront, die die Sonne einfängt, und eine Seite mit schmalen Fensterschlitzen, die der Sonne die kalte Schulter zeigt. Rückgrat, Dreh- und Angelpunkt ist eine Holzröhre. Sie trägt das Haus, und um sie dreht es sich so, dass während der Heizperiode ein Maximum an Sonnenstrahlen über die wärmeschutzverglasten Fenster einfällt. Wenn es heiß wird, dreht sich das Haus gegen die Sonne.

Für die Bewohner ist das großartig. Sie leben nicht nur ausgesprochen energieeffizient, sondern haben auch ständig ein neues Panorama vor Augen. Ein hübscher zusätzlicher Dreh.

Adresse Ziegelweg 28, 79100 Freiburg-Unterwiehre | **ÖPNV** Straßenbahnlinie 3 Richtung Vauban, Haltestelle Paula-Modersohn-Platz, dann Merzhauser Straße, Alte Straße, Schlierbergweg | **Tipp** Die Hausherren des Heliotrops bieten auch Führungen durch ihr Privathaus an. Außerdem ermöglichen sie die Besichtigung der Solarsiedlung am Schlierberg, die 1999 auf dem Sportplatz der ehemaligen Vauban-Kaserne errichtet wurde. Anmelden kann man sich unter www.rolfdisch.de oder unter tobias.bube@rolfdisch.de

35 Der Hildaturm

Ein fürstliches Geschenk

Das richtige Geschenk für einen festlichen Anlass zu finden kann anstrengend sein. Erst recht, wenn die Beschenkte eine Prinzessin ist, bei der man vermuten kann, dass sie ohnehin schon alles hat. Mit diesem kniffligen Problem sah sich die Freiburger Bürgervertretung 1885 konfrontiert, als sie das Bedürfnis verspürte, der Prinzessin Hilda von Nassau anlässlich ihrer Vermählung mit dem badischen Großherzog Friedrich II. ein standesgemäßes Hochzeitspräsent zu überreichen. Schließlich kam man auf die Idee, der Braut einen Turm zu schenken, der ihren Namen tragen sollte – und machte damit auch sich selbst ein Geschenk. Am Hildaturm auf der Spitze des Lorettobergs hatte die Großherzogin offenbar tatsächlich ihre Freude, denn bis ins hohe Alter zog es sie angeblich immer wieder dorthin.

Für den rund 20 Meter hohen Turm griff der Architekt tief in die mittelalterliche Trickkiste und gestaltete das Bauwerk in Form eines Wehrturms mit Zinnen und Simsen. Womöglich eine Anspielung auf die Geschichte des Lorettobergs, der wegen seiner strategischen Lage in den Kriegen, von denen Freiburg im 17. und 18. Jahrhundert gebeutelt wurde, ein wahrer Feldherrenhügel war. Die Finanzierung erfolgte auf der Basis von Sponsoring durch die Bürgerschaft und die Stadt.

Im Juni 1886 fand die feierliche Einweihung statt, und noch bevor die Namensgeberin ihren fürstlichen Fuß erstmals in ihr Hochzeitsgeschenk setzte, hatten schon die Freiburger den Turm als Ausflugsziel entdeckt.

Die rund 135 Jahre sind nicht spurlos an ihm vorübergegangen. Besonders einschneidend war der Verlust der Spitze 1939. Heute ist der Hildaturm fast in Vergessenheit geraten. Dass man ihn besteigen kann, verrät ein unscheinbares Schild am Zaun. Der etwas abenteuerliche Aufstieg erfolgt dann in Eigenregie, kein »Turmwärter« weit und breit. Ein ideales Ausflugsziel für Frischverliebte.

Adresse Kapellenweg 8c, 79100 Freiburg-Wiehre | ÖPNV Straßenbahnlinie 3, Haltestelle Weddigenstraße, dann zur Lorettostraße und an der Abzweigung Mercystraße in den Bergleweg einbiegen. Dieser führt am Schloss-Café vorbei zum Hildaturm. | Öffnungszeiten April–Sept. jeweils Di, Do 14–16.30 Uhr, So 14–16 Uhr | Tipp Das Domizil, in dem der Großherzog von Baden, Friedrich II., mit Herzogin Hilda wohnte, ist das Palais Sickingen in der Salzstraße 17, heute Sitz des Landgerichts.

36 Die historischen Türen

Es lebe die Rumpelkammer

Es ist ein Baumarkt der etwas anderen Art. Keine Hintergrundmusik, keine Heimwerkertipps per Videoclip, stattdessen ein Universum mit altem, aber besonderem Krempel. In einem Gewerbegebiet im Stadtteil Lehen eröffnet sich ein Eldorado für Schatzsucher und Häuslebauer mit einem Faible für Patina. Über 1.000 Quadratmeter mit historischen Baustoffen verlocken zu einer Zeitreise. Man könnte hier aus dem Stand heraus ein Museum eröffnen.

Den Außen- und Eingangsbereich säumen wie zufällig hier abgestellte alte Säulen und verschnörkelte schmiedeeiserne Gartentore. Der nüchterne Name »Historische Türen und Baustoffe« steht für eine Mischung aus Lagerhalle, Kaufhaus und Leidenschaft fürs Skurrile. Allein schon die Türen! Hunderte sind auf einer Etage fein säuberlich aufgestellt. Vom Barock bis zum Jugendstil und Art déco ist alles dabei. Haustüren, Innentüren, Flügeltüren, Türen von herrschaftlichen Villen, von alten Bauernhäusern, von Weinkellern, Hoftore. Das alte Portal vom Bundeshaus in Bern war schon zu haben, ebenso Gefängnistüren vom Kaiserstuhl. Außerdem Eisentüren und -tore und -zäune und -säulen, gusseiserne Heizkörper, alte Fensterrahmen, Terrazzo-Waschbecken, Fabrikmöbel …

Die Schätze stammen meist aus Entrümpelungen von Altbauten. Manchmal werden dabei Dinge zutage gefördert, die komplett aus der Zeit fallen. Zum Beispiel bei einer Firma, die eigentlich nur ihre alten Fensterläden loswerden wollte. Auf dem Speicher verschlug es den Entrümplern fast den Atem. Das lag weniger an der dicken Staubschicht, Grund waren die schweren Schubladenschränke, randvoll mit Blumen aus Papier und Perlen und Unmengen bunter Muranoglasperlen. Die detailgetreu nachempfundenen Blüten und Blätter waren über 100 Jahre alt und stammten aus einer Zeit, als die Kunstblumenindustrie in Baden florierte und die Papiernelke im Knopfloch noch Markenzeichen des Herrn von Welt war.

Adresse Ziegelhofstraße 214, 79110 Freiburg-Lehen | Anfahrt auf der B 31 bis Ausfahrt Lehen, nach der Brücke links in die Ziegelhofstraße abbiegen | Öffnungszeiten unter www.historische-tueren.de | Tipp Wenn man schon einmal in Lehen ist, dann lohnt sich ein Besuch im Blumencafé, einer kleinen Oase inmitten von Blüten und Bäumen. Das Café gehört zur Baumschule Vonderstraß, Humbergweg 14, und ist Di–So von 9–18 Uhr geöffnet.

37 Die Höllentalbahn

Von Hirschen, Gämsen, Raubrittern und Skistöcken

Vor den Skistöcken muss man sich in Acht nehmen. Wenn im Winter die Pisten der Schwarzwaldberge locken, wird es eng in der Höllentalbahn. Skifahrer, Langläufer, Snowboardfans, Kinder mit Schlitten, Wanderer – alle wollen in die Höhe und drängen mit Sack und Pack in die weiß-gelben Waggons der legendären Regionalbahn. Man sitzt und steht dicht an dicht. Schwere Skischuhe treten auf elegante Lederstiefel, spitze Skistöcke ragen gefährlich zwischen den Sitzen hervor.

Start ist am Hauptbahnhof, an den Bahnhöfen Wiehre und Littenweiler saugt der Zug weitere Fahrgäste ein. Dann beginnt die Fahrt durch eine Bilderbuchlandschaft und zwei Klimazonen, wobei rund 700 Höhenmeter überwunden werden. Letzter Halt vor dem Aufstieg durch das sagenumwobene Höllental ist der Bahnhof Himmelreich. Ab hier ächzen die Waggons, und es knackt in den Ohren. Mit einer Steigung von über 5,7 Prozent ist die Höllentalbahn Deutschlands steilste Hauptbahn. Neun Tunnel werden durchquert. Zwischen dem vierten und fünften heißt es: Augen auf. Für wenige Sekunden taucht auf der gegenüberliegenden Felswand der Hirsch auf, eine Attraktion der Strecke. Der Sage nach soll das Original mit einem todesmutigen Sprung seinem Jäger entkommen sein. Böse Zungen behaupten, der Hirsch sei eine Gämse gewesen, weil Gämsen die besseren Springer sind. Nach dem sechsten Tunnel stellt sich ein mulmiges Gefühl in der Magengrube ein, wenn der Zug auf einem 40 Meter hohen, 140 Meter langen und beängstigend schmalen Viadukt die Ravennaschlucht – einst ein berüchtigtes Raubritterrevier – überquert. Auf beiden Seiten gähnt der Abgrund.

Hinter Titisee schlängelt sich die Bahn hinauf nach Bärental, dem auf 967 Meter gelegenen höchsten Bahnhof Deutschlands. Wer in den Schnee will, steigt hier oder in Altglashütten aus.

Und abends trifft man sich erschöpft, rotwangig und meist glücklich auf der Rückfahrt wieder.

Adresse Hauptbahnhof, 79098 Freiburg | **ÖPNV** Straßenbahnlinien 1, 3, 5, Haltestelle Hauptbahnhof | **Tipp** Wer sich für die Geschichte der Höllentalbahn interessiert, findet im neuen Wiehrebahnhof am Gerwigplatz etwas ganz Besonderes. An der Wandtäfelung in der Gaststätte hängen handgemalte Schilder zu den einzelnen Stationen der historischen Bahn.

38 Der Höllentäler

Kalte Füße für den Riesling auf dem Schlossberg

Wenn der Höllentäler kommt, darf Freiburg aufatmen. In heißen Sommernächten setzt er pünktlich gegen 22.30 Uhr ein und weht die Hitze aus der Stadt. Die Rede ist von einem kühlen Bergwind, der von den Schwarzwaldhöhen kommt, im engen Höllental an Fahrt gewinnt, im Dreisamtal durch weitere Bergwinde getriggert wird und zwischen Schlossberg und Sternwald mit circa 30 Stundenkilometern in Freiburg »einfährt«. Dass er sich dabei exakt an die Geschwindigkeitsbegrenzung auf der Schwarzwaldstraße hält, ist nur ein Nebenaspekt.

Weitaus bemerkenswerter ist, dass der Höllentäler alsbald das Freiburger Nachtleben auf Gänsehautniveau herunterkühlt. Im Kastaniengarten, dem Kult-Biergarten auf dem Schlossberg, auf dem Augustinerplatz oder auf dem Münsterplatz ist dies die Stunde, in der man näher zusammenrückt. Insofern kann der Höllentäler durchaus kontaktstiftend sein. Denn es ist auch die Stunde, in der der einheimische Nachtschwärmer zu punkten vermag, indem er einen wärmenden Fleecepulli aus dem Rucksack zaubert.

Die einen bringt der Höllentäler also zum Schlottern, andere bringt er zusammen, und wieder anderen verschafft der kühlende Wind zumindest einen wohltuenden Schlaf. Essenzieller ist jedoch, dass er das Klima in Freiburg beeinflusst, und zwar so stark, dass die Stadtplaner ihn bei Bauvorhaben einkalkulieren oder es zumindest versuchen sollten. Um den Höllentäler und damit die Belüftung der Stadt nicht zu blockieren, wurde zum Beispiel ein Bürohochhaus am Bahnhof in mehrere Blöcke unterteilt und mit Brücken verbunden. Selbst die Freiburger Winzer sind auf den Höllentäler angewiesen: Die hitzeempfindlichen Rieslingtrauben in edler Schlossberglage könnten sie glatt vergessen, wenn der Wind den Rebstöcken des Nachts nicht erfrischende Abkühlung verschaffen würde.

Der Höllentäler hat zahlreiche Kontroversen unter Klimaexperten entfacht und gilt als der meistuntersuchte Wind Süddeutschlands.

Adresse 79102 Freiburg | Tipp Wer sich in lauen Sommernächten den Höllentäler besonders stimmungsvoll um die Ohren blasen lassen will, dem sei der Kastaniengarten auf dem Schlossberg empfohlen. Den von der Sonne und dem Höllentäler verwöhnten Riesling vom Schlossberg gibt es im Heiliggeist Stüble auf dem Münsterplatz.

39 Der Innenhof im Herderbau

Im stählernen Forst

Einer der ungewöhnlichsten Innenhöfe Freiburgs ist auch einer der unbekanntesten. Etwas abseits der Innenstadt mit ihren unzähligen Sehenswürdigkeiten auf engstem Raum liegt an der Habsburgerstraße der Herderbau. Der mit seiner dunkelroten Fassade so markante Gebäudekomplex wurde von 1910 bis 1912 nach den Plänen des Architekten Max Meckel erbaut und vom Verlag Herder genutzt. Heute residiert der Verlag nur noch im Südflügel. Die übrigen vier Flügel (mit zwei Innenhöfen) des denkmalgeschützten Gebäudes verkaufte er Anfang der 1990er Jahre an das Land Baden-Württemberg, das diese wiederum der Fakultät für Forst- und Umweltwissenschaften zur Verfügung stellte.

Anfangs herrschten im Winter in dem etwas in die Jahre gekommenen Bau rustikale Bedingungen. Die Temperaturen verlangten selbst walderprobten Forststudenten einiges ab. Doch nach und nach wurden die weitläufigen Gebäudeflügel saniert, erhielten zusätzliche Fensterverglasungen, eine moderne Heizungsanlage und eine zeitgemäße Dämmung. Ein besonderer Clou war die komplette Überdachung des Innenhofes im Rahmen der energetischen Sanierung.

Schon allein die Arbeiten hierzu waren spektakulär: Mit einem Spezialkran wurden vier 20 Meter hohe Stahlsäulen über das Dach des Seitenflügels in den Innenhof gehievt und im Untergeschoss verankert. Sie gleichen schlanken Bäumen. Mit ihren »Ästen« bilden sie die Stützkonstruktion für das aus transparenten Luftkissen bestehende Dach. Die aufwendige Aktion hatte gleich zwei Effekte: Die Überdachung hilft beim Energiesparen, und der vormals so unwirtliche und zugige Innenhof ist nun sommers wie winters einigermaßen gut temperiert und zudem lichtdurchflutet.

Zur Probe aufs Exempel bietet sich das kleine Hofcafé mit Holzterrasse an, in dem auch nicht forstliche Besucher willkommen sind.

Adresse Tennenbacher Straße 4, 79106 Freiburg-Neuburg | **ÖPNV** Straßenbahnlinie 4, Haltestelle Tennenbacher Straße | **Öffnungszeiten** Mo–Do 9–14.30 Uhr, Fr 9–14 Uhr | **Tipp** Unbedingt sehenswert im Herderbau ist die Archäologische Sammlung der Universität, für die das ehemalige Papierlager des Verlags zu einem Museumsraum umgebaut wurde. Der Eingang befindet sich neben dem Hofcafé. Öffnungszeiten unter www.archaeologische-sammlung.uni-freiburg.de

40 Die Insel im Opfinger See

Trubel über und unter Wasser

Inseln können auf verschiedenste Weise entstehen, durch Vulkane, durch steigenden Wasserspiegel oder durch sinkenden Wasserspiegel. Freiburgs jüngste Insel entstand 2014 durch den Bagger und wurde vom Forstamt minutiös geplant. Über 50 Jahre lang diente der Opfinger Baggersee der Kiesgewinnung. Rund 30 Meter arbeitete sich der Saugbagger in die Tiefe, Schlamm und größere Steine wurden über die Jahre auf eine Halde geschaufelt, die vom Ufer aus immer weiter ins Wasser hineinwuchs.

2012 war Schluss mit dem Kiesabbau. Die Bagger verschwanden, und plötzlich taten sich ungeahnte Möglichkeiten auf, den See attraktiver zu gestalten. Renaturierung lautete das Stichwort. Im Zuge dessen wurde die Abraumhalde kurzerhand vom Ufer getrennt. So entstand eine rund 100 Meter lange und etwa 30 Meter breite Insel. Im flachen Wasser bildete sich ein Feuchtbiotop mit kleinen Buchten und Schilf, das Amphibien, Vögeln und Libellen Schutz bietet. Für all die Freizeitkapitäne auf Luftmatratzen und Schlauchbooten, welche das Öko-Eiland ansteuern wollen, heißt es seither »Wir müssen draußen bleiben«.

Generell ist der Opfinger See nichts für Menschen, die die Einsamkeit suchen. Rund 200.000 Besucher zieht es im Sommer an den See. Zum Baden, zum Surfen, zum Paddeln, zum Angeln, zum Grillen oder für spontane Konzerte. Auch unter Wasser ist überraschend viel los. In den an turbulenten Tagen leider etwas eingetrübten Fluten tummeln sich Hechte, Barsche, Karpfen, Aale – und Welse. Ab und an wird von stolzen Anglern ein zwei Meter langes Superexemplar dieses Raubfisches zutage gefördert. So mancher Dackelbesitzer kommt dann ins Grübeln und überlegt, ob sein Liebling ins Beuteschema eines Welses passt.

Der Opfinger Baggersee ist mit einer Fläche von 43 Hektar bei Weitem der größte und zudem der tiefste der elf Baggerseen, die auf Freiburger Gemarkung liegen.

Adresse 79112 Freiburg-Opfingen | ÖPNV VAG-Buslinie 33, Haltestelle Kleingärten im Stadtteil Opfingen | Anfahrt von Freiburg aus auf der Opfinger Straße nach Überqueren der Autobahn rechts fahren | Tipp Das Gasthaus Blume in Opfingen, Unterdorf 2, gehört zu den badischen Traditionsgasthäusern und ist heute ein Tapas-Hotspot. Eine Gelegenheit, den Badetag mediterran ausklingen zu lassen. www.blume-freiburg.de

41 Das Jesuitenschloss

In vino sanitas

Umgeben von Wald, Wiesen und Rebhängen bildet das Jesuitenschloss oberhalb von Merzhausen auf halber Schönberghöhe den traditionsreichen Rahmen für das über 700 Jahre alte Stiftungsweingut des Heiliggeistspitals. Das Vergnügen beginnt bereits vor dem Schlosstor. Wer das schmale Zufahrtssträßchen emporwandert, wird mit einem Panoramablick über die Stadt belohnt. Besonders schön ist das am Abend, wenn sich Freiburg in ein überraschend ausladendes Lichtermeer verwandelt.

Die wahrhaft »geistvollen« Lokalitäten befinden sich jedoch hinter dem Schlosstor. Um einen Bilderbuch-Innenhof herum gruppieren sich die Kernstücke des Stiftungsweinguts: die Keller, die Probierstube und der rustikale Verkaufsraum. Die Weine stammen von den prominentesten Lagen der Stadt. So kommt der Riesling vom Freiburger Schlossberg, von einem Hang, der extrem steil ist, sodass die Trauben nur von Hand gelesen werden können. Burgundersorten gedeihen am sonnigen Tuniberg, und die Gutedeltrauben wachsen auf den Lagen rund um das Jesuitenschloss. Insgesamt werden jährlich über 70.000 Liter abgefüllt.

Der Wein spielte beim Heiliggeistspital schon immer eine Rolle. Schon im 13. Jahrhundert besaß es Rebflächen. Produziert wurde damals vorwiegend für den Eigenbedarf. Das war auch nötig, denn der tägliche Verbrauch lag bei rund 120 Litern. Wenn man bedenkt, dass ein »Spital« kein Gasthaus, sondern eine Mischung aus Altenwohnanlage und Pflegeanstalt für Kranke war, ist das eine erstaunliche Menge. Wer richtig krank war, dem stand laut Spitalordnung sogar eine persönliche Weinration von sechs Litern am Tag zu.

Das Jesuitenschloss, das zur Heiliggeistspitalstiftung gehört, ist übrigens gar kein Schloss, sondern ein Landhaus. Als solches diente es den Jesuiten, die ab 1620 an der Freiburger Universität lehrten, bis 1773 als Sommerfrische. In dieser Zeit avancierte es zumindest dem Namen nach zum Schloss.

Adresse Schlossweg 1, 79249 Merzhausen | **Anfahrt** Von der Stadtmitte Richtung Merzhausen, von der Hexentalstraße rechts in den Schlossweg einbiegen. Er führt direkt zum Jesuitenschloss. | **Öffnungszeiten** unter www.wp.stiftungsweingut-freiburg.de | **Tipp** Die Stiftungsverwaltung Freiburg veranstaltet Weinproben und kulturhistorische Führungen durch das aus dem 17. Jahrhundert stammende Adelhauser Kloster, das aufwendig saniert wurde. Die Termine werden auf der Internetseite veröffentlicht: www.stiftungsverwaltung-freiburg.de.

42 Der Kanonenspielplatz

Ritterspiele mit Münsterblick

Auf den ersten Blick sieht das Ensemble aus wie die Installation eines zeitgenössischen Holzbildhauers. Circa fünf Meter hohe Stelen erinnern entfernt an indianische Totempfähle, dazwischen Querstreben, ein Netz und Seile, die das Gebilde zusammenhalten. Wer nun aber in ehrfürchtiges Staunen verfällt und sich insgeheim fragt: »Was will uns der Künstler damit sagen?«, liegt falsch. Es handelt sich nicht um Kunst am Schlossberg, sondern um einen Spielplatz der besonderen Art, nur wenige Meter unterhalb vom Kanonenplatz mit seiner Bilderbuchaussicht über die Stadt, die Vogesen, den Kaiserstuhl und den Schwarzwald.

Der Spielplatz gehört zu den ältesten der Stadt. Schon 1939 wurde er erstmals aktenkundig. Lange war er ziemlich unansehnlich und verwaist, bis das Garten- und Tiefbauamt sich seiner erbarmte und ihn so phantasievoll neu gestaltete, dass er ein wahrer Kanonenspielplatz wurde. Die Elemente sollen einen historischen Bezug zum Schlossberg herstellen, der als strategisch wichtiger Punkt über viele Jahrhunderte heftig umkämpft war. Im 11. Jahrhundert errichteten die Freiburger Stadtherren, die Zähringer, hier das Burghaldenschloss. In der Folge fand ein dramatischer Wechsel von Zerstörung und Wiederaufbau der Wehranlagen statt. Von 1677 an verwandelte der Festungsbaumeister Sébastien Le Prestre Marquis de Vauban den Schlossberg in ein mächtiges, sternförmiges Bollwerk. Doch auch das wurde 1744 zerstört. Noch heute sind auf dem gesamten Berg Spuren der kriegerischen Vergangenheit zu sehen.

Der Spielplatz knüpft eine Verbindung zur Geschichte. Die Spitzen der Holzstangen symbolisieren Lanzen und Speere und erinnern an Soldaten, die auf den Mauern Wache standen. Sogar eine kleine bespielbare Kanone ist vorhanden. Auf dem »echten« Kanonenplatz, wo einst scharf geschossen wurde, schießen heute Touristen Instagram-taugliche Fotos von Freiburg für die Welt.

Adresse Schlossbergring 3, 79098 Freiburg-Altstadt | **ÖPNV** Von der Stadtmitte aus zu Fuß oder mit der Straßenbahnlinie 1, Haltestelle Oberlinden. Beim Schwabentor geht es über die Schlossbergbrücke hinauf zum Schlossberg Richtung Kanonenplatz. Der Weg führt direkt zum Spielplatz. | **Tipp** Eine perfekte Rundumsicht bietet bei gutem Wetter die Ludwigshöhe, eine Anhöhe oberhalb des Kanonenplatzes, auf der einst das Burghaldenschloss stand.

43 Die Kaufhaus-Passage

Wasserwerfer und Glücksdecke

Die graue Passage führt zum berühmtesten Platz Freiburgs. Täglich quälen sich Lieferwagen hindurch, um frische Ware auf den Münstermarkt zu karren. Dem Aktionskünstler und Maler Eckhart Haisch verdankt die triste Passage, die als Hertie-Passage und Karstadt-Passage Freiburger Kaufhaus-Geschichte schrieb, einen Lichtblick. 1970 schuf er ein circa zehn Meter breites und fünf Meter hohes Wandbild für den Durchgang. Weder die daraufgeklebten Kaugummis noch die Tags können seiner farbenfrohen Vitalität viel anhaben.

Auf kräftigem roten und grünen Grund schweben und fließen skurrile Formationen. Sterne, Kreise, Punkte und Streifen bilden ein Zusammenspiel mit Farbflächen und Raum. Das zentrale Motiv wird von zwei nach außen orientierten, maschinenartigen »Wächtern« flankiert. Dass Assoziationen mit Wasserwerfern, Kühltürmen und Szenen der rebellischen 1970er Jahre wach werden, ist naheliegend. Denn als das Bild entstand, glühte die Studentenbewegung noch nach, die Atomkraft-Gegner formierten sich, und linke Gruppen boomten. Eckhart Haisch war damals 29 und politisch aktiv. Bis 1967 hatte er an der Kunstakademie Karlsruhe studiert, unter anderem bei Herkenrath und Dreher. Er verstand sich als Aktionskünstler und demonstrierte dies auch bei einem anderen Projekt aus seiner Freiburger Zeit. In einem VHS-Kurs erarbeitete er mit Laien ein 40 Meter hohes Fassadenbild an einem Hochhaus im Brennpunkt-Stadtteil Weingarten. Das Werk schlummert heute unter einer Wärmedämmung und wird vielleicht die Archäologen kommender Generationen überraschen. 1979 zog Haisch nach Berlin. Er ist Initiator und Mitbegründer des Lehniner Instituts für Kunst und Kultur e. V.

Die Decke über dem Wandbild ist ein Kuriosum für sich. Die von unzähligen Abdrücken und kleinen Löchern gesprenkelte Styroporverkleidung zeugt vom Aberglauben der Freiburger. Immer wieder werden Münzen an die Decke geworfen. Wenn sie stecken bleiben, winkt das Glück.

Adresse Conrad-Gröber-Straße, 79098 Freiburg-Altstadt | ÖPNV Straßenbahnlinien 4, 5, Haltestelle Europaplatz, zu Fuß zur Conrad-Gröber-Straße durch die Passage Richtung Münsterplatz | Tipp Gleich um die Ecke, in der Engelstraße, plätschert der Brunnen »Fünf Kobolde« von Franz Gutmann. Er wurde 1977 installiert.

44 Das Kesselhaus

Erlebnisparcours mit Hopfen und Malz

In 150 Jahren Brauereibetrieb sammelt sich so einiges an, was heute als Highlight der Industriegeschichte gilt. Ein Sudhaus mit glänzenden Kupferkesseln, eine alte Schlosserei, ein Maschinenhaus und gleich daneben ein Kesselhaus aus den 1920er Jahren. Dieser faszinierende Dschungel aus Rohren, Leitungen, Pumpen, Schläuchen, Tanks, Fässern und Kesseln kann besichtigt werden. Und das Schöne dabei ist: Man kann zugleich beim Bierbrauen zuschauen. Der Gerstensaft rinnt vom Tank direkt ins Probierglas. Führung und Verkostung finden zeitgleich statt, was sowohl aus museumspädagogischer wie auch aus gastronomischer Sicht ein geglückter Schachzug ist.

Schon 1865, als Ludwig »Louis« Ganter eine kleine Brauanlage aus dem 18. Jahrhundert in der Freiburger Innenstadt (in dem Haus, das einst Erasmus von Rotterdam gehörte) zu einer für damalige Verhältnisse modernen Brauerei aufmöbelte, gab es viele durstige Kehlen. Freiburg befand sich auf steilem Wachstumskurs, von 1800 bis 1900 hat sich die Bevölkerung der Stadt versechsfacht. Vom Durst der Boomjahre profitierte auch der junge Braumeister. Bald wurde es in der Innenstadt zu eng, die Brauerei expandierte und zog auf die »grüne Wiese« in der Oberau. Hier, zwischen Dreisam und der Schwarzwaldstraße, wird bis heute Bier gebraut. Die Grundlage liefern die Tiefbrunnen mit frischem Schwarzwaldwasser direkt unter dem Firmengelände. Als bei der Bombardierung 1944 die Wasserleitungen zerstört wurden, versorgten diese Brunnen die Bevölkerung sogar mit Trinkwasser. Und dank der Dampfturbine im Kesselhaus konnte die Brauerei trotz einiger Bombenschäden weiter Strom produzieren.

Heute ist das Kesselhaus Endstation und Höhepunkt des Erlebnisparcours durch die Brauerei. Zwischen Rohren, allerlei geheimnisvollen Apparaturen und Schaltern aus vergangenen Jahren können die flüssigen Schätze des Hauses verglichen und probiert werden.

Adresse Schwarzwaldstraße 43, 79117 Freiburg-Oberau | **ÖPNV** Straßenbahnlinie 1, Haltestelle Brauerei Ganter | **Öffnungszeiten** Termine der Führungen unter www.ganter.com | **Tipp** Die Wodanhalle, eine ehemalige Lagerhalle der Brauerei, ist ein beliebter Ort für Livekonzerte. Zusätzlicher Pluspunkt: Gleich nebenan gibt's den Hausbiergarten mit Spielplatz. Der Zugang über die Leo-Wohleb-Straße ist ausgeschildert.

45 Die Kleinodientreppe

Augustinermuseum 2.0

Fast klösterliche Stille empfängt einen beim Eintreten in das Haus der Graphischen Sammlung. Die Geräuschkulisse der Salzstraße ist wie abgeschnitten. Stattdessen gedämpfte Stimmen, warme Farbtöne, wohltemperiertes Raumklima. Wir befinden uns im Foyer des 2016 eröffneten zweiten Bauabschnitts des Augustinermuseums, dessen historische Bausubstanz der Frankfurter Architekt Christoph Mäckler seit 2002 schrittweise in ein modernes Museum verwandelt. Freiburgs neues Schmuckstück. Das Gesamtensemble grenzt an den Augustinerplatz an und fügt sich unaufdringlich in die verwinkelte Altstadt ein. Es besteht aus der ehemaligen Klosterkirche des Augustinerordens, dem Neubau für die 90.000 Blatt umfassende Graphische Sammlung und dem Konventgebäude, dem dritten und langwierigsten Bauabschnitt, der sanierungstechnisch einen wahren Kraftakt darstellt. Die Investitionen sind berechtigt, denn das Augustinermuseum zählt zu den bedeutendsten kunst- und kulturhistorischen Museen Süddeutschlands.

Herzstück des Hauses der Graphischen Sammlung und zugleich funktionale und ästhetische Meisterleistung ist die Kleinodientreppe. Diese zentrale Wendeltreppe verbindet die verschiedenen Stockwerke. Dabei gleicht sie durch eine ausgeklügelte Anordnung der Stufen die Niveauunterschiede zwischen den einzelnen Gebäudeteilen geschickt aus. Das Treppenauge bildet ein Oval, in die Unterseite der Stufen sind LED-Lichter eingelassen, die spezielle Lichteffekte schaffen. Farbgebung und Materialien stellen eine Verbindung zur Klosterkirche her, so zum Beispiel die Treppenstufen aus hellem Kalkstein, der wie Marmor wirkt. Gleichzeitig bildet der Treppenaufgang einen vertikalen Ausstellungsraum. In die elliptisch verlaufende Wand sind Vitrinen eingelassen, in denen mittels einer komplexen Lichtregie besondere Einzelstücke, sogenannte Kleinodien, in Szene gesetzt werden. Dieses zusätzliche ästhetische Highlight gab der Treppe ihren Namen.

Adresse Haus der Graphischen Sammlung im Augustinermuseum, Salzstraße 32, 79098 Freiburg-Altstadt | **ÖPNV** Straßenbahnlinie 1, Haltestelle Oberlinden | **Öffnungszeiten** Di–So 10–17 Uhr, Führungen, Museumspädagogik: Infos unter Tel. 0761/2012501, www.freiburg.de | **Tipp** Unbedingt sehenswert ist auch die ehemalige Klosterkirche, die 2010 als erster Bauabschnitt des neu gestalteten Augustinermuseums eröffnet wurde. Hier entfalten zahlreiche Werke berühmter Renaissancekünstler wie Matthias Grünewald, Lucas Cranach d. Ä. und Hans Baldung Grien ihre Pracht.

46 Der Kommandantengarten

Ort mit Aussicht

Der Schlossberg, das beliebte Naherholungsgebiet, war vom 11. Jahrhundert an eine zumeist waffenstarrende Befestigungsanlage zur Verteidigung der Stadt. Im 17. und 18. Jahrhundert herrschten abwechselnd die Habsburger und die Bourbonen über Freiburg und wetteiferten im Bau und in der Zerstörung von Befestigungsanlagen. Den Höhepunkt des Wettrüstens markierte das Jahr 1677, als der französische Festungsbaumeisters Vauban den Schlossberg in eine gigantische Wehranlage verwandelte. Oberes Schloss, Unteres Schloss, dazwischen Verbindungsgänge, Wälle, Bastionen und das Fort Carré, das die Freiburger schon damals »Salzbüchsle« nannten.

Von entspannten Zeiten zwischen den Kriegen zeugt der Kommandantengarten, eine der wenigen zivilen Anlagen der Festung und heute ein besonders lauschiges Aussichtsplätzchen, das fast als Geheimtipp durchgehen könnte. Das terrassenähnliche Areal ist von einer hüfthohen Mauer umgeben, die einen Halbkreis bildet. Eine Bank, schattenspendende Bäume und Münsterblick – was braucht man mehr?

Angelegt wurde der Kommandantengarten vermutlich in den Jahren nach 1706. Er befand sich am Fuß des Oberen Schlosses, ganz in der Nähe von Waffenplatz, Haupttor und dem Kommandantenhaus. Wie auch die Wehranlagen wurde der Garten im Laufe der Jahre mehrmals entsprechend dem Geschmack der jeweiligen Machthaber neu gestaltet. So ließ zum Beispiel der vorderösterreichische Offizier und Ingenieur de la Vénerie in der barocken Anlage einen Pavillon mit Pagodendach als »Maison de Plaisance« bauen. Solche Lusthäuser erfreuten sich großer Beliebtheit.

Der Pavillon endete wie der gesamte Garten als Kollateralschaden bei der Zerstörung der Festungsanlagen 1745 auf Befehl des französischen Königs Ludwigs XV. 1999 wurde in Anlehnung an die barocke Anlage der neue Kommandantengarten als Aussichtsterrasse gestaltet.

Adresse Am Schlossberg, 79104 Freiburg | ÖPNV mit der Schlossbergbahn oder zu Fuß bis zum Restaurant Dattler, hier vom Burghaldenring in den Weg Am Schlossberg einbiegen, dann immer geradeaus, nach einer Lichtung in den Wald gehen, zweiter Weg rechts zum Kommandantengarten, Gehzeit circa 15 Minuten | Tipp Wenn man im Wald weiter bergauf läuft, gelangt man nach wenigen Minuten zum Gelände des einstigen Oberen Schlosses und des Forts Carré. Hier bietet der Schlossbergturm einen grandiosen Rundumblick.

47 Der Konrad-Guenther-Park

Volksküche und der Große Abendsegler

Amseln picken hektisch im welken Laub, mächtige Eichen recken ihre Äste in den Himmel. Irgendwo dort oben hausen die Großen Abendsegler, eine seltene Baumfledermausart. Ab und an huscht ein Radfahrer vorbei. Von der tiefergelegten Galerie des B-31-Tunnels rauscht der Verkehrslärm herüber, sonst trübt nichts die Idylle. Der 6,5 Hektar große Konrad-Guenther-Park im Freiburger Osten gehört zu den fast vergessenen Grünanlagen. Namensgeber war der Freiburger Zoologieprofessor Konrad Guenther (1874 – 1955), der als Pionier der Naturschutzbewegung gilt.

An die bewegten Zeiten, die der kleine Park hinter sich hat, erinnert heute nichts mehr: Ende der 1990er Jahre wurde hier um jeden Baum gekämpft. Ein Teil des Parks sollte abgeholzt werden, um Platz für den vierspurigen Ausbau der B 31 samt Tunnel zu schaffen. Dies führte noch einmal zu stürmischen Protesten und demonstrierte eindrucksvoll das Know-how in Sachen ziviler Ungehorsam, das in Freiburg abgerufen werden kann.

Höhepunkt war eine spektakuläre Aktion im Herbst 1996. Umweltschützer kaperten etliche der über 300 Jahre alten Eichen und errichteten in luftiger Höhe Baumhäuser, gleichsam Auge in Auge mit dem Großen Abendsegler. Das überirdische Hüttendorf wurde Anlaufstelle für Sympathisanten und Schaulustige, die Demo-Luft schnuppern wollten. Innerhalb kurzer Zeit etablierte sich eine leistungsstarke Infrastruktur. Sogar eine »Volksküche« rückte an, um für das leibliche Wohl der Aktivisten zu sorgen. Doch nicht nur kulinarisch und ideell wurden die Baumbesetzer betreut, es gab auch zahlreiche Sach- und Geldspenden. Ende Oktober hatte das Treiben in den Baumkronen ein Ende. Mit rund 1.000 Mann räumte die Polizei den Park. Den Trillerpfeifen folgten die Motorsägen. Im Eifer des Gefechts wurden zu viele Bäume gefällt. Als Ausgleich mussten neue gepflanzt werden.

Adresse Oberrieder Straße, 79117 Freiburg-Waldsee | ÖPNV Straßenbahnlinie 1, Haltestelle Musikhochschule, von hier Richtung Möslestraße | Tipp Typisch Freiburg: An der Ecke Schwarzwaldstraße/Möslestraße eröffneten zwei pfiffige Ex-Studenten 2008 den ersten »Biosk«. Das ist ein Bio-Kiosk, in dem es vorwiegend Bioprodukte gibt. Alkohol und Zigaretten sind aus dem Angebot gestrichen.

48 Der Kreuzgang

Die Welt hinter der Scheibe

Kann man da wirklich rein? Das ältere Ehepaar aus der Schweiz will es nicht so recht glauben. Der Kreuzgang auf der Ostseite des Rathausplatzes, der direkt an die Kirche St. Martin angrenzt, wirkt hermetisch abgeschlossen. Erst wenn man ganz nah vor die Glastür tritt, öffnet sich diese wie von Geisterhand und gibt den Weg frei in eine andere Welt. Der Szenenwechsel ist frappierend. Draußen auf dem Rathausplatz tobt das pralle Leben und spiegelt sich in den dicken Glasscheiben, die in den Kreuzgang eingesetzt sind. Auf die andere Seite dringt der Lärm nur gedämpft, so als hätte jemand den Ton leiser gedreht. Unversehens gleitet man in die Rolle des Beobachters. Zum Beispiel, wenn ein Pärchen draußen in einem der Kreuzgangbögen Platz nimmt, sich bequem an die Scheibe lehnt und ein Vesper auspackt. Ein wenig erinnert das Ganze an den Zoo, wo man durch eine Glasscheibe hindurch die Tiere beobachten kann, ohne selbst beachtet zu werden.

Der Kreuzgang ist ein Relikt des ehemaligen Franziskanerklosters, das sich bis 1845 über den gesamten Rathausplatz erstreckte. Heute gehört er zur Pfarrei St. Martin und ist Teil des Konvents der Dominikaner. Die Mönche arbeiten als Hochschul- und Innenstadtseelsorger und wohnen im ausgebauten Speicher des ehemaligen Pfarrhauses. In der darunterliegenden Wohnung wirkte einst Heinrich Hansjakob, der umtriebige Pfarrer, Heimatschriftsteller und Politiker. Gleich hinter dem Kreuzgang gibt es einen Musiksaal für Veranstaltungen und nebenan, im ehemaligen Weinkeller, eine öffentlich zugängliche Kapelle.

Die Dominikaner kamen 1236 erstmals nach Freiburg und gründeten bei Unterlinden ihr erstes Kloster in der Stadt. Die Ortsbezeichnung Predigertor ist ein Überbleibsel aus dieser Zeit, in der es in Freiburg sage und schreibe 29 Klöster gab. Dass unmittelbar neben dem Rathausplatz heute noch klösterliches Leben stattfindet, ist kaum bekannt.

Adresse Rathausgasse 3, 79098 Freiburg-Altstadt | ÖPNV Straßenbahnlinien 1, 2, 3, Haltestelle Bertoldsbrunnen, von hier aus sind es zum Rathausplatz wenige Meter | Öffnungszeiten täglich 8–17 Uhr, freiburg.dominikaner.org | Tipp In der Kirche St. Martin gleich neben dem Kreuzgang befindet sich ein sehenswertes Fresko, das vermutlich aus dem Jahr 1480 stammt und die älteste Stadtansicht Freiburgs zeigt.

49 Der Kuchelgarten

Engelwurz im Paradies

So muss ein Garten aussehen. Überbordende Vielfalt, großzügige Beete mit Gemüse, Salat und Kräutern, dazwischen ein Blütenmeer, in der Mitte ein einfacher runder Brunnen. An der alten Bruchsteinmauer ranken zwischen Obstbäumen üppige Rosenbüsche und Beerensträucher. Der an einem sanft ansteigenden Südhang gelegene Kuchelgarten dürfte einer der ältesten Gärten in Freiburg sein. Er gehört zu der 1346 gegründeten Freiburger Kartause, dem ehemaligen Kloster des Kartäuserordens. Die Aussicht auf die sattgrünen Dreisamwiesen und das Wissen um mehr als 650 Jahre Gartenkultur auf diesem Boden haben etwas zutiefst Beruhigendes. Seit Jahrhunderten bestimmt auf dem rund 19 Ar großen Gelände der immer gleiche Rhythmus der Jahreszeiten das Geschehen. Säen, Wachsen, Ernten und Ruhe im Winter.

Der Name Kuchelgarten kommt aus dem Alemannischen. Er bedeutet Küchengarten und trifft genau das Konzept der Kartäuser. Die Mönche lebten vegetarisch und versorgten sich weitgehend selbst, indem sie die Nahrungsmittel des täglichen Bedarfs anbauten. Zugleich war der Klostergarten eine Apotheke. Ganz gezielt wurden hier Heilpflanzen gezogen. Weit über die Stadtgrenzen hinaus begehrt war im 16. Jahrhundert die Engelwurz der Freiburger Kartäusermönche. Alte Dokumente belegen, dass sie sogar in »Frembde Land« verkauft wurde. Der Engelwurz-Boom wundert nicht, denn das Kraut sollte gegen die Pest helfen, die über viele Jahrhunderte in Europa wütete und ganze Landstriche entvölkerte.

Die Kartäuser bearbeiteten ihren Garten bis zur Aufhebung des Klosters 1782. Später nutzte ihn das in den Klostergebäuden eingerichtete Altenheim zur Selbstversorgung. Inzwischen steht die ehemalige Klosteranlage samt Garten unter Denkmalschutz. Im August 2014 eröffnete auf dem Areal die deutsche Niederlassung des United World College. Der prächtige Kuchelgarten wird weiterhin biologisch bewirtschaftet.

Adresse Kartäuserstraße, 79102 Freiburg-Waldsee | **Anfahrt** Kartäuserstraße Richtung Ebnet bis zum Parkplatz gegenüber der Kartause | **Öffnungszeiten** Termine für eine Führung oder zum Mitgärtnern sind mit Voranmeldung unter klostergarten@uwcrobertboschcollege.de möglich | **Tipp** Die Tradition der Klostergärten wurde von den Bauerngärten weitergeführt. Ein Miteinander von Zier-, Nutz- und Heilpflanzen ist auch auf dem Kunzenhof in der Littenweilerstraße 25 zu bewundern.

50 Die Lange Rote

Wo es um die Wurst geht

Sie ist 35 Zentimeter lang, hat einen Durchmesser von rund 2,5 Zentimetern, eine eigene Website und ist eine feste Größe auf dem Freiburger Münsterplatz: die Lange Rote vom Bratwurstgrill.

Für manchen Freiburgbesucher erschließt sich die Stadt erst, wenn er die Lange Rote im Magen und den Senf auf dem Hemd hat. Jeder Preisaufschlag wird von einem Aufschrei der Stammkundschaft begleitet, die der Wurst seit über 60 Jahren die Treue hält. Die Standbetreiber posten auf Facebook, wenn sie wegen Bauarbeiten, Papstbesuch oder anderer Großereignisse vom Platz verbannt sind.

Nichts ist wurst bei dieser Wurst. Wer seine Lange Rote bei wem kauft, ob mit Zwiebel, Ketchup, Senf, mit allem oder mit nichts, ob ganz oder halbiert ins Weckle gestopft, das ist nicht einfach Geschmackssache, sondern Glaubenssache. Am Anfang steht das Wo: auf der linken oder auf der rechten Seite vom Münster? Wobei die rechte Seite, die Sonnenseite, gerne den Touristen überlassen wird. Praktizierende Einheimische sind, wenn es um die Wurst geht, eher links orientiert. Essenziell ist das Wie. Puristen ordern badisch korrekt »eine Rote mit, am Stück«. Ebenso wichtig ist, wann die Wurst gegessen wird, nämlich vor dem 12-Uhr-Läuten.

2012 griff der lange Arm der EU nach der Wurst auf dem Münsterplatz. Die Bestimmungen der Dienstleistungsverordnung verlangten eine Neuausschreibung der Wurststände. Damit war klar, dass die Karten der Wurst-Dynastien rund um den schönsten Turm auf Erden neu gemischt werden würden. Die fünf alteingesessenen Bräter mussten drei neue verdauen, so das Ergebnis der Ausschreibung. Besonders schwer fiel das bei einem der Neulinge, der es wagte, Tofuwurst anzubieten. Die Lange Grüne passte zwar zur Green City, doch die Verbraucher waren anderer Meinung. Nach ein paar Jahren war das Tofu-Experiment auf dem Münsterplatz wieder beendet. In Sachen Wurst wählen die Freiburger offenbar lieber Rot, sind aber durchaus offen für grüne Experimente.

Adresse Münsterplatz, 79098 Freiburg-Altstadt | **ÖPNV** Straßenbahnlinien 1, 2, 3, Haltestelle Bertoldsbrunnen, dann zu Fuß in die Schusterstraße und links in die Eisenstraße | **Tipp** Seit Anfang des 14. Jahrhunderts entwickelte sich der Markt rund um das Münster. Eine Art mittelalterliche Verbraucherberatung findet sich am Eingang zum Hauptportal. Dort wurden im Jahr 1320 verschiedene Brotmaße in den Sandstein geritzt. So konnten die Kunden der Bäcker überprüfen, ob ihr Brot die richtige Größe hatte.

51 Der Leopoldstollen

Kalter Hauch der Vergangenheit

Hoch oben über dem engen Kappler Tal, inmitten von Bergwiesen, liegt der Eingang in eine andere Welt. Ein eiskalter Luftstrom bläst aus dem vergitterten Mundloch des Leopoldstollens. Er kommt aus den dunklen Eingeweiden des Schauinsland. Schemenhaft zeichnen sich im Inneren Gesteinsbrocken und undefinierbare Gegenstände ab, die die letzten Bergleute hier liegen ließen. Ein wenig unheimlich wird einem zumute, denn mit der Zugluft weht einem eine Geschichte entgegen, die von Knochenarbeit im Berg zeugt. Wo heute ein schweres Eisengitter den Weg in den stockdunklen Stollen versperrt, schufteten bis Mitte der 1950er Jahre Bergleute. Aus einer Kuhweide ragen noch die Mauern der Seilbahn, die das erzhaltige Gestein zu Tal beförderte.

Der Leopoldstollen ist mit 7,4 Kilometern der längste Stollen im Kappler Tal. Er führt hinauf in das Bergdorf Hofsgrund knapp unterhalb des Schauinsland-Gipfels. Über Jahrhunderte prägte der Bergbau den Freiburger Ortsteil Kappel. Silber, Blei und Zink wurden in dem weitverzweigten Stollensystem abgebaut. Insbesondere das Silber trug im Mittelalter dazu bei, dass Freiburg wirtschaftlich florierte. Im Münster ist deshalb den Bergmännern ein eigenes Fenster gewidmet.

Das harte Geschäft durchlebte Höhen und Tiefen und war stets abhängig von der wirtschaftlichen und politischen Großwetterlage. Wurde Blei für Kanonenkugeln gebraucht, florierte der Bergbau, sanken die Erzpreise auf dem Weltmarkt, ging es mit dem Bergwerk ebenfalls bergab.

1954 war endgültig Schluss. Die meisten Stollenzugänge wurden zugemauert oder vergittert, die Transportseilbahn abgebaut, Schlosserei und Zimmerei abgerissen. Nur noch Straßennamen wie Erzwäscherei, Erzweg, Knappenweg erinnern an die Zeit, die jahrhundertelang die Identität des Dorfes prägte. Eine Dauerausstellung im Rathausfoyer zeigt Fundstücke und Dokumente aus den Jahren des Bergbaus.

Adresse 79117 Freiburg-Kappel | Anfahrt Freiburg-Kappel, Großtalstraße circa 5 Kilometer bergauf fahren, nach der Kapelle links abbiegen, nochmals rund 3 Kilometer bergauf bis zum Aussichtspunkt in einer Rechtskurve | Tipp Das Museumsbergwerk auf dem Schauinsland bietet einen eindrucksvollen Einblick in das Leben unter Tage. Man hat von Anfang Mai bis Ende Oktober Gelegenheit, an einer Führung in einem der engen Stollen teilzunehmen (Infos zur Ausstellung im Rathaus Kappel unter www.kkv-kappel.com).

52 Die Liegewiese

Wo Kunst baden geht

Der Soundtrack ist gewöhnungsbedürftig. In das kontinuierliche Rauschen der Autos mischt sich das Donnern schwerer Laster, ab und an jault ein Motorrad vorbei, oder ein Martinshorn zerreißt den monotonen Klangteppich, der über die Mauer herüberschwappt. Natürlich könnte man sich für eine Ausstellung auch eine andere Beschallung vorstellen. Doch gerade diese Mischung hat auch ihren Reiz, denn sie verstärkt das Oase-Feeling auf der Liegewiese des Faulerbades in unmittelbarer Nachbarschaft zu Kronenbrücke und Autobahnzubringer.

Seit 1999 befindet sich hier ein Skulpturenpark, in dem Künstler aus ganz Deutschland die Chance erhalten, ihre Arbeiten einem Publikum zu zeigen, das vielleicht nicht zu den typischen Besuchern von Kunstausstellungen zählt. Wer badet, bekommt Kunst, und wer nicht badet, ebenfalls, denn die Ausstellung ist ganzjährig zu besichtigen. Zu den besonderen Begegnungen kommt es, wenn im September das Hallenbad bereits geöffnet hat, draußen aber noch sommerliche Temperaturen herrschen. Entspanntes Sonnenbaden zwischen Skulpturen moderner Kunst – dies dürfte auf den Liegewiesen deutscher Schwimmbäder ziemlich einmalig sein.

Die Idee stammt von dem Freiburger Künstler Jörg Siegele und ist eigentlich simpel: Das im Sommer geschlossene Hallenbad samt Liegewiese wird für moderne Kunst geöffnet. Die Umsetzung war dann doch nicht so einfach. Ein sehr langer Atem, Sponsoren und Rückendeckung durch einen Förderverein waren nötig, bis sich das aus einer persönlichen Initiative heraus entstandene Projekt zum Geheimtipp entwickelte. Die Ausstellung wächst ständig und mäandert inzwischen über die Liegewiese bis auf die Faulerstraße hinaus. Manchmal finden – in Konkurrenz zum Klangerlebnis jenseits der Mauer – sogar Konzerte statt. Anfangs wurde während der Sommerpause die Schwimmhalle mit einbezogen, aber das war der Stadt zu viel Kunst für eine öffentliche Badeanstalt.

Adresse Faulerstraße 1, 79098 Freiburg-Altstadt | ÖPNV Straßenbahnlinien 1, 3, 5, Haltestelle Hauptbahnhof, über Wilhelmstraße zur Faulerstraße | Öffnungszeiten und Führungen unter www.kunstimfaulerbad.de | Tipp Am Ende der Faulerstraße, wo der Gewerbebach zu einem kleinen Becken erweitert ist, liegt die Rossschwemme. Die Pferdeskulptur am Ufer stammt von Jörg Siegele. Sie erinnert daran, dass an dieser Stelle einst die Pferde getränkt wurden, bevor sie geschlachtet wurden. Der Schlachthof in der Faulerstraße war noch bis 1970 in Betrieb.

53 Die Lokhalle

Dornröschen wurde wach geküsst

Sie war eine spröde Schönheit, die allerlei Begehrlichkeiten lange Zeit standhaft trotzte. Die alte Lokhalle auf dem ehemaligen Güterbahnhofsgelände im Freiburger Westen wurde 1904 erbaut. Sie gilt als eines der beeindruckendsten Beispiele Freiburgs für Industriearchitektur aus der Zeit um die Jahrhundertwende. Als die Bahn 1983 den Betrieb einstellte, versank die 6.500 Quadratmeter große denkmalgeschützte Backsteinhalle in einen Dornröschenschlaf, aus dem sie von den 1990er Jahren an die verschiedensten Prinzen wach küssen wollen. Eventexperten hätten mit ihr gerne extravagante Partys veranstaltet, Immobiliengesellschaften liebäugelten mit der Schönen und dachten dabei an loftige Wohn- und Büroprojekte.

Lange scheiterten alle Erweckungsversuche. Die verwaiste Lokhalle auf dem 39 Hektar großen Güterbahnhofsareal blieb ein skurriles Faszinosum zwischen Industriebrache und zerfallenen Schuppen auf der einen und einer Verladestation der rollenden Landstraße auf der anderen Seite. Der Grund, warum sämtliche Prinzen scheiterten, war die badische Flüssiggas GmbH, die ihr Lager in unmittelbarer Nähe der Lokhalle hatte. Großveranstaltungen waren angesichts der potenziell explosiven Nachbarschaft gemäß Störfallverordnung tabu. Mit dem Wegzug der Firma 2016 änderte sich alles.

Das ehemalige Güterbahnhofsgelände firmierte inzwischen unter dem hippen Namen Gare du Nord. Der Wohnungs- und Bürobau explodierte, und auch die Bewerber um die Lokhalle konnten wieder Pläne schmieden. Fest stand: Das Potenzial des markanten Denkmals tendiert gegen unendlich. Wieder begann ein Aufmarsch von Prinzen. Das Rennen machte 2018 ein Kreativpark unter den Fittichen der städtischen Wirtschaftsförderung. In den Gebäudeteilen fanden über 20 Firmen Platz, darunter nicht wenige Start-ups und ein Café. Die Zeiten, in denen die Schöne als schnöde Lagerhalle herhalten musste, sind endgültig vorbei.

Adresse Kreativpark, Paul-Ehrlich-Straße 7, 79106 Freiburg-Brühl | ÖPNV Straßenbahnlinie 5 bis Haltestelle Rennweg, von dort etwa 13 Minuten Fußweg über Zollhallenstraße zur Paul-Ehrlich-Straße / Lokhalle | Tipp Ein reizvoller Ort gleich um die Ecke ist die Kantina. Das Lokal liegt ganz am Ende der Kantinenstraße, der Sonnenuntergang auf den stillgelegten Bahngleisen ist gratis.

54 Die Lourdesgrotte

Wallfahrt an der Joggingstrecke

Die Überraschung liegt am Wegrand im Wald zwischen den Stadtteilen Littenweiler und Kappel: In einer Kurve taucht am steilen Berghang unvermittelt eine Mariengrotte auf. Wenige Stufen führen zu einem kleinen Platz, der zu jeder Jahreszeit mit Blumen geschmückt ist. Am Eingang ein Steinbecken, in das der dünne Wasserstrahl rinnt, der aus dem Fels quillt. Daneben ein paar Bänke, für den Fall, dass hier irgendwann einmal Pilger eintreffen. Etwas oberhalb leuchtet aus einer Art Höhle eine lebensgroße weiß gewandete Marienfigur. Sie ist Mittelpunkt und Blickfang der Grotte. Um sie herum Laternen, in denen ein paar Kerzen gegen die Nässe der Felswand anflackern. Die Szene erinnert ein wenig an Lourdes, nur dass hier der Menschenauflauf fehlt. Die Ruhe ist nahezu perfekt. Ab und zu mischt sich in das Vogelgezwitscher das Knirschen von Joggingschuhen auf dem nahen Waldweg.

Die Grotte geht auf eine Schenkung zurück. Eine Stifterin, die unbekannt bleiben wollte, vermachte der katholischen Kirchengemeinde St. Barbara in Freiburg-Littenweiler einen Geldbetrag mit der Auflage, dafür vor der Kirche oder an einem anderen geeigneten Ort eine Lourdes-Statue aufzustellen. Der damalige Pfarrer sah darin eine Chance, gleich einen neuen Wallfahrtsort zu schaffen.

Die steile Felswand am Hörchersberg hatte alles, was es brauchte, um ein Klein-Lourdes zu installieren. 1934, unmittelbar nach der Heiligsprechung der Bernadette Soubirous, durch die Lourdes zu einem der größten Wallfahrtsorte wurde, machte man sich auch im Wald von Littenweiler ans Werk. Die Jugendgruppe der Pfarrei erweiterte die Felsspalte zu einer kleinen Höhle für die geschnitzte Marienfigur und gestaltete den Platz davor. Mit einer Prozession wurde die neue Wallfahrtsstätte eingeweiht – und geriet bald darauf fast in Vergessenheit. 2004 ergriffen Pfadfinder die Initiative und renovierten die Grotte. Seither ist sie sogar wieder Ziel kleiner Wallfahrten.

Adresse 79117 Freiburg-Littenweiler | Anfahrt Die Sonnenbergstraße in Freiburg-Littenweiler hochfahren und am Waldparkplatz parken, dann zu Fuß in Richtung Kappel/Hörchersberg. Der Weg zur Lourdesgrotte ist ausgeschildert. | Tipp Es lohnt sich, dem Wanderweg an der Grotte vorbei zu folgen. Nach circa eineinhalb Kilometern gelangt man an das Kappler Eck am Waldrand von Freiburg-Kappel. Von hier aus hat man einen schönen Blick über das Dreisamtal.

55 Luitpold Bauer Eisenwaren

Biotop der 1.000 Schrauben

Der gemeine Juchtenkäfer, der ein bisschen wie ein Maikäfer aussieht, wirbelte vor über zehn Jahren die Planung des Großbahnhofs Stuttgart 21 durcheinander. Das konnte er, weil er auf der Roten Liste der gefährdeten Arten steht und genau dort brütete, wo die Bauherren Bäume fällen wollten. Solch eine Liste sollte in Deutschlands Städten auch für besondere Geschäfte eingeführt werden, deren Erhalt die urbane Artenvielfalt bereichert. Die Eisenwarenhandlung Luitpold Bauer wäre ein Fall dafür. Das Geschäft mit der denkmalgeschützten Jugendstilfassade liegt im Schatten des Schwabentors und gehört zu den immer seltener werdenden Orten in der Freiburger Innenstadt, die kurzfristige Trends und Events überdauern.

Bei Luitpold Bauer gibt es Handfestes und Dauerhaftes, und zwar schon seit 1925. Den im Nordschwarzwald geschmiedeten Gartenspaten zum Beispiel oder Hämmer, Zangen, Bohrer, Gießkannen und Eimer aus Zink, handgezimmerte Holzschlitten, Fußmatten – alles sehr solide. Die Wände verschwinden hinter Regalen und Schubladen, in denen wahre Schätze schlummern: Schrauben, Stifte, Nägel, Dübel, Haken in allen Größen und Variationen.

Wer zwei Bilder aufhängen will und dafür genau zwei Nägel braucht und nicht gleich eine Schachtel mit 100 Stück, ist hier richtig. Abgerechnet wird dann in Centbeträgen. Fachliche Beratung gibt es kostenlos dazu. Kein Problem also, sich als blutiger Heimwerker-Laie zu outen. Der Laden ist die Rettung für alle, denen der Baumarkt auf der grünen Wiese zu groß, zu weit, zu laut und zu unpersönlich ist.

Größere Gerätschaften werden geliefert. Der Ladengründer Luitpold Bauer war hier am Schwabentor noch Hufschmied. Bei ihm ließen die Bauern aus dem Schwarzwald nach dem Markt ihre Pferde beschlagen. Heute ist das Geschäft ein Beweis dafür, dass Artenvielfalt in der Freiburger Innenstadt funktionieren kann.

Adresse Oberlinden 25, 79098 Freiburg-Altstadt | ÖPNV Straßenbahnlinie 1 Richtung Littenweiler, Haltestelle Oberlinden | Tipp Nur wenige Meter weiter geht es ebenfalls um Metall, allerdings um Edelmetall. Direkt neben der Treppe, die zum Schlossberg hinaufführt, versteckt sich die Goldschmiede im Schwabentor, eine kleine, aber feine Manufaktur für individuellen Schmuck.

56 Das Marienbad

So ein Theater!

Was muss passieren, damit ein trockengelegtes Schwimmbad wieder zum Publikumsmagnet wird? Im Falle des Marienbades, in dem Anfang der 1980er Jahre noch werdende Mütter ihre Bahnen zogen, war es eine glückliche Fügung, dass das Freiburger Kinder- und Jugendtheater nach einer festen Bleibe suchte. Das prächtige Jugendstilgebäude war einst ein »Volksbrausebad« und für Menschen gedacht, die zu Hause kein Bad hatten. Nachdem ab den 1960er Jahren der Siegeszug von Wanne und Dusche in den heimischen vier Wänden nicht mehr zu stoppen war, hatten die Volksbäder und öffentlichen Badeanstalten ausgedient. Und in Freiburg stellte man sich die Frage: Was tun mit dem teuren Schmuckstück?

Nun kam das 1973 unter der künstlerischen Leitung von Dieter Kümmel gegründete Kinder- und Jugendtheater ins Spiel, eine Gruppe junger und engagierter Schauspieler, die frischen Wind in die Freiburger Theaterszene bringen wollten. Ein Glücksfall für Generationen von Kindern, die dank Inszenierungen von Stücken wie »Hilletje Jans«, »Eine Odyssee«, »Krähe und Bär« oder »Fluss-Pferde« mit dem Theatervirus infiziert wurden. Viele kommen als Erwachsene wieder und sind aufs Neue begeistert. Das Theater im Marienbad – so heißt es heute – arbeitet generationenübergreifend. Zum künstlerischen Konzept gehört es, Menschen, egal, welchen Alters, anzusprechen und sich mit den existenziellen Fragen auseinanderzusetzen. Die Nähe zum Publikum ist auch räumlich spürbar und trägt zur einmaligen Atmosphäre bei.

Beim Umbau wurde die ursprüngliche Nutzung des Gebäudes nicht versteckt. Schon der Jugendstilbrunnen im Foyer erinnert an die alten Zeiten. Neben der Bühne führt eine fein geschwungene Wendeltreppe in den ersten Stock, wo sich einst die Kabinen mit den Wannenbädern befanden. Die Bühnenkonstruktion befindet sich über dem ehemaligen Schwimmbecken, dessen Rand noch deutlich unter den Brettern zu sehen ist.

Adresse Marienstraße 4, 79098 Freiburg-Altstadt | **ÖPNV** Straßenbahnlinie 1, Haltestelle Schwabentorbrücke, von hier aus zu Fuß die Dreisamstraße entlang bis zur Marienstraße, Gehzeit circa 5 Minuten | **Öffnungszeiten** jeweils eine Stunde vor Vorstellungsbeginn, Termine unter www.marienbad.org | **Tipp** Durch einen unterirdischen Gang ist das alte Marienbad mit einem in der Nazizeit entstandenen Neubau, dem ehemaligen Sportbad, verbunden. Die Räume werden heute vom Kunstverein Freiburg e. V. genutzt, einem der ältesten Kunstvereine Deutschlands. Der Eingang ist um die Ecke in der Dreisamstraße (www.kunstvereinfreiburg.de).

57 Der Mathislehof

Ran an den Speck

Der lange Arm der Freiburger Universität reicht bis in den Schwarzwald. Hoch über Hinterzarten thront der über 300 Jahre alte Mathislehof, der über die Müller-Fahrenberg-Stiftung zum Besitz der Uni gehört. Das geschlossene Hofgut mit Mühle, Weiher und reichlich Wald ist ein schönes Ziel für eine Wanderung.

Seit 2001 wird der Mathislehof von der Wälder GbR als Demeterhof bewirtschaftet. Auf den Wiesen rund um das mächtige Schwarzwaldhaus tummeln sich Jungrinder. Nebenan fläzen sich schwarz-weiße Schweine ins Stroh, und auf dem Bänkchen unter dem riesigen Dach blinzeln ein paar Wanderer in die Sonne. Der selbst geräucherte Speck aus dem Hofladen ist ein Gedicht, und die Versuchung ist groß, den Tag an so einem beschaulichen Ort ausklingen zu lassen.

Dabei lohnt sich der Abstecher zum Mathisleweiher, einem bei Nebel etwas gespenstischen Moorsee mitten im Wald. Der Weg dorthin ist gut ausgeschildert. Den Spuren der Freiburger Uni begegnet man hier auf Schritt und Tritt, gut lesbar ist ein Schild am Weiher platziert, welches darauf hinweist, dass hier der Angelverein der Uni das Hausrecht hat – zumindest, wenn es darum geht, die fetten Forellen aus dem Wasser zu befördern.

Der Mathislehof samt Mühle, Wald und Weiher gehörte einst den Freiburger Geschwistern Karl, Eugen und Frieda Müller, die alle unverheiratet und kinderlos blieben und schließlich ihr beachtliches Vermögen der Universität vermachten. Bedingung war, Krebsleiden zu erforschen, den Hof weiterzuführen und mit dem Erlös aus Land- und Forstwirtschaft mittellose Freiburger Forststudenten zu unterstützen. Außerdem sollte die Ferienwohnung von Frieda Müller, die 1956 als Letzte der Geschwister starb, unverändert erhalten werden. Der Letzte Wille der Stifter wird bis heute respektiert. Dies hat zur Folge, dass es auf dem Mathislehof sogar ein kleines »Privatmuseum« gibt: die gute Stube von Frieda Müller.

Adresse Oberzartener Weg 2, 79856 Hinterzarten | **ÖPNV** Mit der Höllentalbahn bis Hinterzarten, dann zu Fuß Richtung Erlenbrucker Straße, circa 200 Meter nach der Kesslermühle rechts in Oberzartener Weg abbiegen. Der Bahnhof Hinterzarten liegt auf 880 Höhenmetern, der Mathislehof auf 980, es geht also steil bergan. | **Öffnungszeiten** unter www.waelder-gbr.de | **Tipp** Der Schwarzwald gilt als die Wiege des Skisports. Im Skimuseum in der Erlenbrucker Straße 35 in Hinterzarten erfährt man, wie die ersten Skifahrer die steilen Hänge bewältigten.

58 Das Max-Dortu-Grab

Die Badische Revolution und der Spielplatz

Ein Mausoleum, daneben Schaukel, Wippe und ein riesiger Sandkasten, in dem nachmittags die Kinder aus dem Quartier buddeln und toben. Von wegen Totenruhe! Auf den ersten Blick mutet das bunte Miteinander ziemlich bizarr an. Wir befinden uns auf dem alten, längst stillgelegten Wiehre-Friedhof. Eine Sandsteinmauer mit verwitterten historischen Grabsteinen umgibt den ehemaligen Gottesacker, der schon 1923 zum Spielplatz umfunktioniert wurde. Eingebettet ist das ungewöhnliche Ensemble zwischen gediegenen Gründerzeitvillen an der Ecke von Erwin- und Dreikönigstraße im noblen Stadtteil Wiehre. Während der Badischen Revolution 1848/49 war diese lauschige Ecke ein Schauplatz blutiger Hinrichtungen durch die preußischen Truppen, denen es nach dramatischen Gefechten schließlich gelang, die Revolutionäre zurückzuschlagen.

Eines der Opfer war Maximilian Dortu. Er musste seinen Kampf für Demokratie und Freiheit mit dem Leben bezahlen. Der 23 Jahre alte preußische Soldat und Jurastudent aus Potsdam war desertiert und hatte sich der Badischen Revolution angeschlossen. Er wurde verhaftet, vom preußischen Militär zum Tode verurteilt und am 31. Juli 1849 auf dem Friedhof erschossen. Das gleiche Schicksal ereilte auch seine Mitkämpfer Friedrich Neff und Gebhard Kromer. Dortus Eltern ließen an dem Ort ein Mausoleum errichten und zahlten der Stadt Freiburg 1.000 Gulden, um das Grab »für alle Zeiten« zu pflegen. Das funktioniert bis heute, obwohl die Summe inzwischen aufgebraucht sein dürfte. Das Mausoleum, in dem auch die Eltern bestattet sind, ist das einzige Grab in Freiburg, das an die Revolutionäre von 1848 erinnert.

Dass die Freiheitskämpfer nicht vergessen werden, ist der Bürgerinitiative »Gedenkstätte Maximilian Dortu – Initiative zur Erinnerung an die Badische Revolution 1848/49« zu verdanken. Sie organisiert einmal im Jahr eine Wanderung auf den Spuren der Badischen Revolution.

Adresse Dreikönigstraße, Ecke Erwinstraße, 79102 Freiburg-Wiehre | **ÖPNV** Straßenbahnlinie 1, Haltestelle Brauerei Ganter, dann zu Fuß in die Dreikönigstraße | **Tipp** Eine weitere Erinnerung an die Badische Revolution ist am Ortseingang von Günterstal zu besichtigen. Beim Spielplatz am Waldrand wurde neben dem Jägerbrunnen ein Gedenkstein errichtet, der auf das Gefecht vom 23. April 1848 verweist, bei dem die Freischärler von den Regierungstruppen aufgehalten wurden.

59 Die Mez'schen Gärten

Versunkenes Paradies am Steilhang

Die Wildnis beginnt fast mitten in der Stadt. Keine 15 Gehminuten vom Schwabentor entfernt kann man die Reste einer versunkenen Parkanlage entdecken. Steile Steintreppen und schmale Wege winden sich durch einen dichten Laubwald den Schlossberg bergan, vorbei an verfallenen Mauerresten und Terrassen. Rechts und links Brombeer- und Efeuranken, Gestrüpp, Wurzeln. Mittendrin tauchen plötzlich Exoten auf: Zedern, Zypressen, sogar Palmen.

Die einst prächtigen Mez'schen Gärten waren jahrelang vergessen, verwildert und zugewachsen, bevor sich die Initiative Kuratorium Schlossberg ihrer annahm. Wege wurden instand gesetzt, Treppen restauriert und mit einem Geländer abgesichert. Das Ergebnis ist der Carl-Mez-Weg, ein traumhafter Pfad von der Kartäuserstraße hinauf zum kleinen Kanonenplatz auf dem Schlossberg. Eine Sitzgruppe auf halber Strecke lädt zum Verschnaufen ein, und Schneisen im Wald geben den Blick frei auf den Freiburger Osten. Im Vergleich zum Trubel auf dem vorderen Teil des Schlossbergs herrscht hier nahezu Waldeinsamkeit.

Die Mez'schen Gärten gehörten zur Seidenzwirnfabrik von Carl Mez in der Kartäuserstraße, die sich von 1832 an zu einem der großen Arbeitgeber der Stadt entwickelte und bis zu 1.200 Mitarbeiter beschäftigte.

Vermutlich in den 1850er Jahren angelegt, sollten die Gärten der Erholung der Arbeiterinnen dienen. Carl Mez war nicht nur Unternehmer, sondern auch sozial engagiert. Er errichtete in Freiburg Arbeiterwohnhäuser und gründete sogar eine Fabriksparkasse. Auf sein Engagement geht auch das evangelische Stift zurück, das für ältere Menschen Heime sowie stationäre und ambulante Dienste unterhält.

Die Mez AG wurde in den 1930er Jahren von der britischen Firma Coats übernommen und siedelte nach Kenzingen um. Auf dem Firmengelände steht heute unter anderem das Studio Freiburg des SWR.

Adresse Kartäuserstraße 45, 79102 Freiburg-Oberau | **ÖPNV** Straßenbahnlinie 1, Haltestelle Brauerei Ganter, dann über die Fabrikstraße zur Kartäuserstraße. Der Einstieg zum Carl-Mez-Weg beginnt links neben dem SWR-Studio. | **Tipp** Wer hoch hinauswill, kann über den kleinen Kanonenplatz zum 35 Meter hohen Schlossbergturm aufsteigen oder zum (großen) Kanonenplatz weitergehen. Auf der Begrenzungsmauer am Wegrand ist die eine oder andere Kanonenkugel zu bestaunen.

60 Der Mundenhof

Ein tierisch gutes Erlebnis

Der Hausesel Moritz machte den Anfang. Er war 1968 der erste tierische Bewohner des neuen Tiergeheges auf dem historischen Hofgut Mundenhof, das als Tier- und Natur-Erlebnispark seither die Herzen der Freiburger erobert. Mit 38 Hektar Fläche ist es das größte Tiergehege in Baden-Württemberg. Von Alpakas bis Zwergziegen sind auf den großzügig angelegten Koppeln Haus- und Nutztierrassen aus aller Welt zu bestaunen. Ganzjährig bietet der Mundenhof ein unschlagbares Programm, um mit den Tieren und der Natur auf Tuchfühlung zu gehen. Ob Kamelreiten, Kürbisfest oder Krippenspiel, für jede Interessenlage ist etwas dabei. In der Saison von März bis Oktober lassen sich die Tierpfleger sogar bei ihrer täglichen Fütterungsrunde begleiten. Wem das selbst Appetit macht, der findet auf der Speisekarte der Hofwirtschaft allerlei für das eigene leibliche Wohl. Am schönsten ist der Besuch der Anlage am Vormittag, wenn sich die Besucherzahlen noch in Grenzen halten.

Dass es sich beim Mundenhof nicht nur um ein besonderes Tiergehege handelt, sondern auch um den kleinsten Freiburger Stadtteil, ist kaum bekannt. Wobei die knapp 50 Einwohner gegenüber der Vielzahl der tierischen Bewohner eine deutliche Minderheit bilden.

Das malerische Hofgut hat eine bewegte Vergangenheit und ist deutlich älter als das 1120 gegründete Freiburg. Im Jahr 864 wird »Muntinchova« erstmals urkundlich erwähnt, als ein gewisser Rumold, seines Zeichens Priester, das Anwesen dem Kloster St. Gallen verkauft. Es folgten häufige Besitzerwechsel, bis es 1892 im Schoß der Stadt Freiburg landete. Nun mauserte sich der Mundenhof zum landwirtschaftlichen Musterbetrieb. Noch Anfang der 1960er Jahre muhten in der mittlerweile zum Kulturdenkmal avancierten Kuhstallscheune rund 400 Kühe, deren Milch in Freiburg verkauft wurde. Wo sich einst der imposante Misthaufen befand, ist heute ein perfekter Erlebnisspielplatz.

Adresse Mundenhof 37, 79111 Freiburg-Mundenhof | ÖPNV Die Buslinie 19 fährt täglich zum Mundenhof. Den aktuellen Fahrplan finden Sie unter www.vag-freiburg.de. | Anfahrt Zubringer Freiburg-Mitte, Anschluss Lehen, Mundenhof. Gebührenpflichtiges Parken! | Tipp Bei der Schaufütterung mit den Tierpflegern erfährt man einiges über die einzelnen Tierarten und ihre Vorlieben. Termine unter www.mundenhof.de.

61 Die Münsterbauhütte

Feinarbeit mit Hammer und Meißel

An einen Betonpfeiler gefesselt und mit gebrochenen Füßen harrt ein König aus Stein der Dinge, die da kommen. Um ihn herum konzentriertes Bohren, Schleifen, Hämmern. Ein wenig erinnert die Geräuschkulisse an eine XXXL-Zahnarztpraxis. Der Standort der überlebensgroßen Figur war einst im Münster unter einem Figurenbaldachin, wo sie zu einer Gruppe von vier Königen gehörte. Die Münsterbauhütte ist nur eine Zwischenstation auf dem Weg zum Steinlager, wo der König als Exponat seinen neuen Platz finden wird.

Die Münsterbauhütte ist ein Ort der Konzentration. Den Steinmetzen und Bildhauern bei ihrer Arbeit über die Schulter zu schauen ist faszinierend. Aus rohem Sandstein werden filigrane Gebilde gehauen und Figuren mit einzigartiger Mimik. Mit unsäglicher Geduld und noch mehr Fingerspitzengefühl werden verwitterte Steinteile vom Münster restauriert und ergänzt und wenn sie zu sehr beschädigt sind, komplett nachgebildet.

Wer hier arbeitet, gehört zu einem Team hoch qualifizierter Spezialisten, die auch die traditionellen alten Techniken und Werkzeuge beherrschen. Um Fialen, Kreuzblumen, Knäufe und andere Bauteile nach der Restaurierung wieder an angestammter Stelle einzupassen, werden zum Beispiel die Fugen zwischen den einzelnen Teilen wie im Mittelalter mit Blei ausgegossen.

Die Münsterbauhütte geht auf eine Stiftung der Herzöge von Zähringen zurück. Sie waren die Stadtgründer von Freiburg und die ersten Bauherren des Freiburger Münsters. Eine lange Reihe weiterer Bauherren folgte, und sie alle waren nicht nur damit beschäftigt, die Arbeiten weiterzuführen, sondern mussten auch das erhalten, was bereits stand. So kamen 800 Jahre Münsterbauhütte zusammen. Besonders viel zu tun gab es in den 1970er Jahren, als der saure Regen viele Sandsteinfiguren bis zur Unkenntlichkeit entstellte. Einige davon sind im kleinen Museum der Münsterbauhütte ausgestellt und bieten einen erschütternden Anblick.

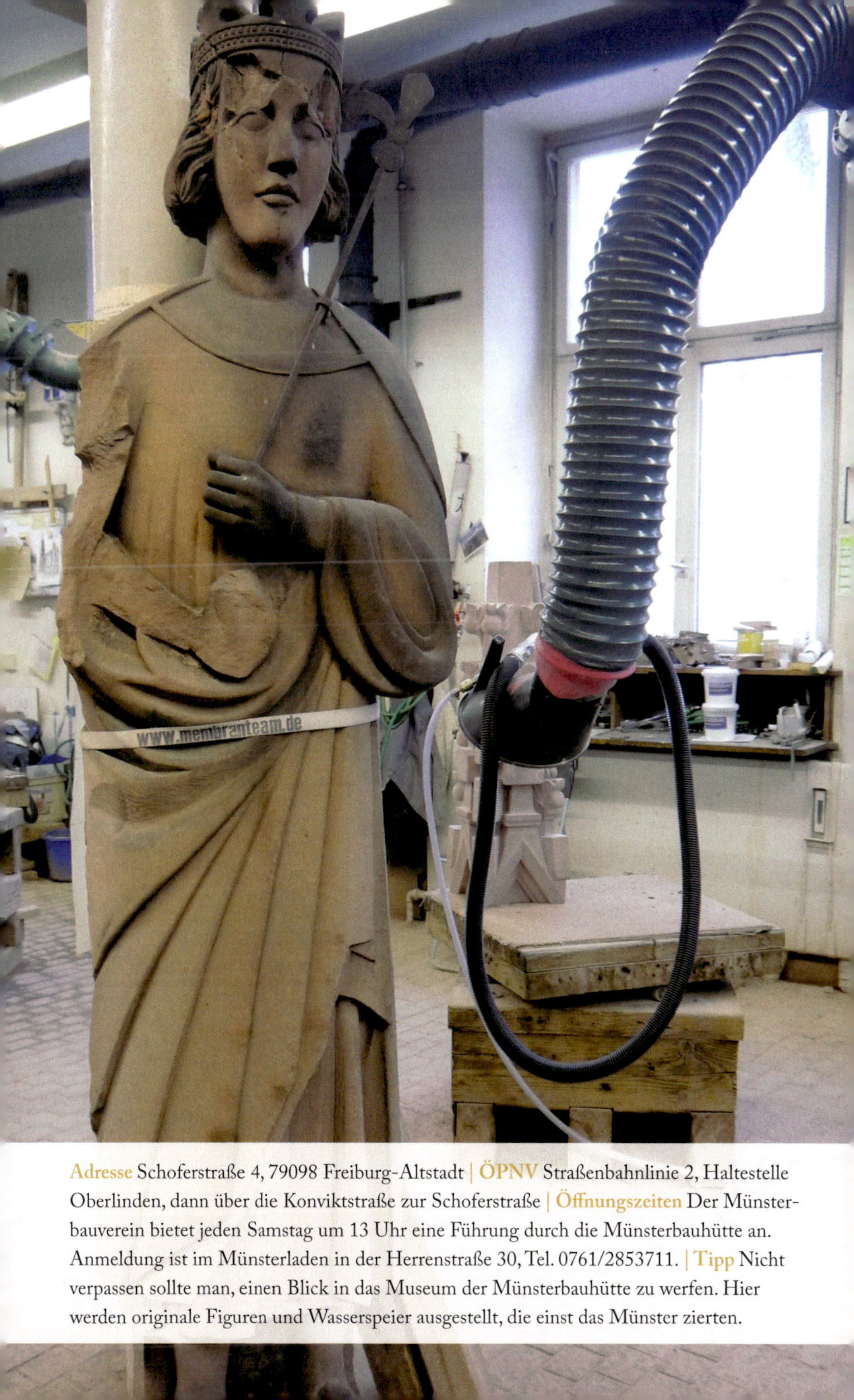

Adresse Schoferstraße 4, 79098 Freiburg-Altstadt | ÖPNV Straßenbahnlinie 2, Haltestelle Oberlinden, dann über die Konviktstraße zur Schoferstraße | Öffnungszeiten Der Münsterbauverein bietet jeden Samstag um 13 Uhr eine Führung durch die Münsterbauhütte an. Anmeldung ist im Münsterladen in der Herrenstraße 30, Tel. 0761/2853711. | Tipp Nicht verpassen sollte man, einen Blick in das Museum der Münsterbauhütte zu werfen. Hier werden originale Figuren und Wasserspeier ausgestellt, die einst das Münster zierten.

62__Das Museum Natur und Mensch

Fühlen, riechen, hören, staunen

Der Elefant im Porzellanladen hat es ja zu einem gewissen Bekanntheitsgrad gebracht, der ihm Eingang in so manches Sprichwortlexikon verschaffte. Die Kuh im Museum gehört hingegen eher zu den stillen Stars. Das liegt in der Natur der Sache, denn wenn sie erst einmal im Museum steht, dann hat vorher ein Präparator Hand angelegt. So erging es auch Bärbel von Schöneck. Aus großen braunen Glasaugen blickt sie dem Besucher im Museum Natur und Mensch entgegen. Noch vor ein paar Jahren graste die Bärbel auf einer Bergwiese im Münstertal. Sie ist eine waschechte Schwarzwälderin und repräsentiert die regionaltypische Rasse der Hinterwälder. Kleine, trittsichere Rinder, bestens geeignet für steiles Gelände. Heute demonstriert die Kuh zusammen mit einem Team aus Vögeln, Bienen, Käfern sowie Dioramen und Mitmachstationen in der naturkundlichen Abteilung des Museums für den Erlebnisraum Wiese.

Das mit viel Bedacht, Kreativität und Sachkompetenz konzipierte Museum gibt nicht nur Einblicke in naturkundliche Lebensräume, sondern ermöglicht auch spannende Zeitreisen und Expeditionen in verschiedene kulturelle Lebenswelten. Die hochkarätige Sammlung zur Ethnologie und Naturkunde verfügt über immense Schätze, die in über 120 Jahren zusammengetragen wurden. Allein der ethnologische Fundus umfasst 18.000 Alltags- und Ritualgegenstände. Teile davon werden in klug konzipierten Sonderausstellungen präsentiert. Besonders spannend wird es, wenn sich dabei Ethnologie und Naturkunde die Hand reichen. Der ganz große Renner und gleichzeitig ein Museumserlebnis für Einsteiger ist seit über 25 Jahren die Ausstellung »vom Ei zum Küken« jeweils um Ostern herum. Ein paar Wochen lang kann man live dabei sein, wenn sich ein Federbällchen aus dem Ei herauspickt. Tausende Küken haben so schon vor begeistertem Publikum das Licht des Museums erblickt.

Adresse Gerberau 32, 79098 Freiburg-Altstadt, Tel. 0761/2012566, www.freiburg.de/museen | ÖPNV Straßenbahnlinie 1, Haltestelle Oberlinden | Öffnungszeiten Di 10–19 Uhr, Mi–So 10–17 Uhr | Tipp Ein Besuch im Museum für Neue Kunst nur wenige Gehminuten vom Augustinerplatz entfernt in der Marienstraße 10a lohnt sich ebenfalls. Fast schon legendär ist die Freiburger Museumsnacht, die jeweils im Juli gemeinsam von allen Freiburger Museen veranstaltet wird und neben Führungen auch kleine Konzerte und Aktionen bietet. Termin unter www.freiburg.de/museen.

63 Der Musikpavillon

Mathe im Stadtgarten

Der Musikpavillon im Stadtgarten ist die wahrscheinlich bizarrste Freiluftbühne in Freiburg. Eigentlich ist schon die Bezeichnung Pavillon gewagt, denn von Weitem betrachtet sieht der Bau aus, als habe man ein überdimensioniertes Geodreieck aus Beton in den Boden gerammt. Und irgendwie passt diese Referenz an den Matheunterricht sogar zu den akkurat gezirkelten Blumenbeeten der Umgebung. Die farbliche Verschönerung des Pavillons übernimmt meist zuverlässig die Graffiti-Szene, die dem kommunalen Grundgrau neue farbliche Akzente hinzufügt.

Einmal im Jahr, meist im Juli, gastiert unter dem Dreiecksdach des Pavillons die Impro-Theater-Prominenz bei einem der größten Open-Air-Theatersport-Festivals. Eine Mordsgaudi, bei der Gruppen wie die Spontanellen, Improleten oder Synapsenfeuer das Publikum aus der Reserve locken.

Dass es den Stadtgarten als kleine grüne Oase mitten in Freiburg überhaupt gibt, ist der Oberrheinischen Gewerbeausstellung von 1887 zu verdanken. Die ambitionierte Leistungsschau fand auf dem Karlsplatz, dem ehemaligen Exerzierplatz vor der Karlskaserne, statt und muss ein wahrer Publikumsmagnet gewesen sein. Für die Zeit der Veranstaltung wurde der Platz in einen Messe- und Vergnügungspark verwandelt.

Neben all den Industrie-, Handwerks- und Maschinenhallen gab es auch eine Kunst- und Festhalle, einen Musikpavillon und sogar ein Aquarium. Die Dimension der Gewerbeausstellung führte die Veranstalter zwar an ihre Grenzen, dennoch war das Ganze ein großer Erfolg für Freiburg. Die Messebauten wurden nach der Veranstaltung bis auf das letzte Brett versteigert. Was blieb, waren die Festhalle und der Musikpavillon, um die der Stadtgarten angelegt wurde. Beim Bombardement Freiburgs 1944 gingen die Bauten in Flammen auf. Der Nachfolgepavillon spiegelt nicht mehr die Pracht der Jahrhundertwende, sondern den Charme der 1960er Jahre.

Adresse Stadtgarten, 79104 Freiburg-Neuburg | ÖPNV Straßenbahnlinie 4, Haltestelle Europaplatz. Der Stadtgarten liegt zwischen Leopoldring und Mozartstraße. | Tipp Was tun, wenn der Schlossberg lockt und die Füße schlappmachen? In diesem Fall sei der Aufstieg mit der Schlossbergbahn empfohlen. Sie startet im Stadtgarten und endet im Restaurant Dattler.

64 Der Nasendreher

Spötter und Speier

Über Schönheit kann man streiten. Über Hässlichkeit ebenfalls. Beim »Nasendreher«, auch »Nasentrompeter« genannt, herrscht Einigkeit. Er stammt aus der ersten Hälfte des 16. Jahrhunderts und gehört zu den hässlichsten der 91 Wasserspeier am Freiburger Münster. Schon die Körperhaltung des in luftiger Höhe auf der Südseite des neugotischen Chors thronenden Monsters verspricht nichts Gutes.

Die Beine der Figur sind grotesk verknäult und ineinandergeschoben. Selbst Physiotherapeuten würden hier vor einem Überdehnungstrauma warnen. Doch das ist nicht alles. Die Augen weit aufgerissen, verschiebt die Figur mit beiden Händen Nase und Mund zu einer Fratze, die ihr wohl auch ihren Namen einbrachte. Am Hals quillt ein Ungetüm von einem Kropf hervor. Die medizinische Fachwelt sieht darin einen Hinweis auf ein Phänomen, das in der Region noch bis ins 20. Jahrhundert häufig zu beobachten war. Infolge von Jodmangel mussten viele Menschen mit zum Teil immensen Kröpfen herumlaufen. Diese Schilddrüsenerkrankung war ein typisches Krankheitsbild für Bergregionen. So viel klinische Symptomatik verschafft dem »Nasendreher« schon fast einen Sympathiebonus. Die kunstvoll aus einem einzigen Sandsteinblock gehauene Figur gehört zum Reigen der menschlichen Speier, einer ganz besonderen Spezies von Wasserspeiern. Die Abbildungen von Männern oder Frauen sollten mit bizarren Fratzen und obszönen Verrenkungen abschrecken oder den Betrachter mit Hohn und Spott überschütten. Geschüttet wird noch heute, und zwar bei Starkregen. Dann entwässern die tierischen, menschlichen und halb menschlichen Wasserspeier – zusammen mit modernen Dachrinnen – das riesige Münsterdach, und wehe, man kommt ihnen zu nahe! Der Nasendreher speit übrigens durch seine Mütze.

Durch Umwelteinflüsse sind etliche Wasserspeier teils bis zur Unkenntlichkeit entstellt und müssen in mühevoller Kleinarbeit rekonstruiert werden.

Adresse Münsterplatz, 79098 Freiburg-Altstadt | ÖPNV Straßenbahnlinien 1, 2, 3, Haltestelle Bertoldsbrunnen, von hier aus über die Schusterstraße und die Eisenstraße zum Münsterplatz | Tipp Die beste Sicht auf den Nasendreher hat man von der Alten Wache, auf die er direkt hinunterschaut. Das 1733 erbaute Gebäude wurde zunächst militärisch genutzt und versank dann in einem Dornröschenschlaf, aus dem es als öffentliche Toilette erwachte. Seit 1997 ist es – nach einem Umbau – das Haus der badischen Weine.

65 Die neun Musen

Asyl zwischen Tür und Treppe

So kennt man diese Damen: jugendlich schön, lockiges Haar, prächtig wallende Gewänder und in ihrer Mitte in lässig-lasziver Haltung Apollon. Die neun Musen auf dem berühmten Parnass-Fresko von Raffael im Vatikanmuseum haben unsere Vorstellung von den Schutzgöttinnen der Künste geprägt. Die Musen, die sich hinter der Treppe im KG III der Freiburger Uni verstecken, sind das komplette Gegenbild.

Die Skulpturengruppe der Schweizer Bildhauerin Bettina Eichin besteht aus neun lebensgroßen, in dunkle Umhänge gehüllten Bronzefiguren. Gesenkten Hauptes scheint jede für sich in trauriges Sinnieren über die Last der Geschichte versunken zu sein. Weit und breit kein Apollon. Die einzigen Lichtgestalten sind die Studentinnen und Studenten, die auf dem Weg ins nächste Seminar vorüberhuschen. Ein weniger kunstaffiner Betrachter könnte in der schwarz gewandeten Gruppe ein Mahnmal für das vermasselte Examen sehen.

Dabei haben die Musen durchaus einen Bezug zu dem Gebäude. Sind doch im KG III und im benachbarten KG I die Geisteswissenschaften beheimatet. Eine Allegorie auf das Nachdenken über Kunst, Philosophie und Geschichte ist hier also angemessen. Und gemäß der Feministin Bettina Eichin sind Erinnerung und Gedächtnis weibliche Qualitäten, auf die die Menschheit nicht verzichten kann.

Es gab allerdings Zeiten, da sah es aus, als hätten die Freiburger gerne auf die nachdenkliche Musengruppe verzichtet. Bevor die Skulpturen im Winkel zwischen Treppe und Tür Asyl fanden, mussten sie eine unrühmliche Odyssee bewältigen. 1978 von der Stadt angekauft, entzündete sich bei der Standortfrage ein wahrer Musenstreit. Nirgends wollte man die schwarz gewandeten Frauen haben, weder vor dem Kunstdomizil Mehlwaage noch auf dem Augustinerplatz. Selbst zur Landesgartenschau im Seepark wollte man sie nur kurz, danach folgte eine zeitweilige Verbannung ins Tiergehege Mundenhof, bis die Uni sich ihrer erbarmte.

Adresse Platz der Universität 3, 79098 Freiburg-Altstadt | ÖPNV Straßenbahnlinien 1, 2, 3, 4, 5, Haltestelle Stadttheater, dann zum KG III | Öffnungszeiten Mo–Fr 7–22 Uhr, Sa 7–13 Uhr | Tipp Dreieinhalb Stockwerke über den neun Musen befindet sich im Uni-Turm ein weiterer Ort zum Nachdenken. Der Karzer war eine Art Vollzugsanstalt der universitären Gerichtsbarkeit. Bis Anfang des 20. Jahrhunderts wurden hier noch Studenten eingekerkert und hatten Zeit, über ihre eventuellen Vergehen nachzudenken. Besichtigung über www.uniseum.uni-freiburg.de.

66_Die Nonnengruft

Im Keller eingemauert

Von der Gasse klingt fröhliches Stimmengewirr herab. Irgendwo rauscht ein Bächle. Ein dünner Lichtstrahl zwängt sich durch das Lüftungsgitter und fällt auf die weiß gekalkte Wand. Mit jeder Treppenstufe hinab in die Gruft wird es kühler und dunkler. Leichter Modergeruch liegt in der Luft. Seit rund 300 Jahren ruhen hier, tief unter der Kirche St. Ursula, umgeben von Grabsteinen des Alten Friedhofs, die Gebeine der ersten Nonnen des Schwarzen Klosters. Altertümliche Namen in verblassender Schrift stehen auf der Backsteinwand, mit der die Särge zugemauert sind: Maria Aloysia, Francisca Xaveria, Ignatia, Euphemia, Cecilia. Euphemia Dorer, die legendäre Gründerin des Klosters, verstarb 1755 im Alter von 84 Jahren. Ihr Sarg mit dem angeblich unverwesten Körper wird besonders gehütet, denn sie steht »im Ruf der Heiligkeit«, eine Voraussetzung für die Einleitung des Prozesses der Seligsprechung.

Euphemia Dorer musste lange kämpfen, bis der Frauenorden der Ursulinen, der sich der Bildungsarbeit für Mädchen verschrieben hatte, ein Kloster in der Stadt eröffnen durfte. Zunächst war die Nonne als Lehrerin tätig. Dank der Fürsprache der damals in Freiburg einflussreichen Jesuiten und wohlhabender Bürger, die eine Schule für ihre Töchter suchten, konnten die Ursulinen 1706 ihr Kloster bauen.

Das Schwarze Kloster hat seinen Namen von der schwarzen Tracht der Nonnen. Die stattliche Anlage zwischen Rotteckring und Rathausgasse ist noch heute weitgehend erhalten, allerdings so eingeklemmt zwischen Geschäften, Lokalen und Kaufhäusern, dass sie leicht übersehen wird. Das gilt besonders für die Klosterkirche St. Ursula. Sie liegt direkt an der lebhaften Rathausgasse, und nur wenig deutet auf den großen Kirchenraum hinter der gelb verputzten Fassade hin.

Heute setzen die St.-Ursula-Schulen den Bildungsauftrag der Ursulinen fort. Zugelassen sind ausschließlich Mädchen.

Adresse Rathausgasse 50, 79098 Freiburg-Altstadt | ÖPNV Straßenbahnlinien 1, 2, 3, 4, 5, Haltestelle Stadttheater, dann Richtung Rotteckring bis zur Rathausgasse | Öffnungszeiten Besichtigung der Kirche St. Ursula Do 15–18 Uhr, Führung durch die Kirche und die Nonnengruft Do 16.30 Uhr | Tipp St. Ursula ist heute die Kirche der alt-katholischen Gemeinde in Freiburg. Jeden Karfreitag findet ab 15 Uhr die Karfreitagsliturgie direkt in der dunklen Nonnengruft statt.

67 Das Obere Steingrüble

Wo einst Wollnashörner weideten

Dass es zeitweise auf dem Hohlweg am Ortsende von Munzingen zu einer verblüffend hohen Verkehrsdichte kommt, hat zwei Gründe: Rechts geht es zum Sportplatz, wo der Nachwuchs zum Kicken abgeliefert wird. Links stehen auf dem Waldparkplatz Grünschnittcontainer, in denen man allerlei loswerden kann. – Genau dazwischen liegt das Obere Steingrüble, ein Naturdenkmal der besonderen Art.

Kurz vor der Einfahrt zum Sportplatz türmt sich eine zerklüftete Kalksteinwand auf, über 20 Meter hoch und durchzogen von Felsvorsprüngen und kleinen Höhlen. Dicke Efeulianen hängen wie Vorhangfetzen von der oberen Abbruchkante herab. Dahinter haust im Verborgenen allerlei Getier, das erst in der Dämmerung munter wird. Vor allem für verschiedene Fledermausarten sind die Höhlen und Nischen ein genialer Schlaf- und Nistplatz und eine Bleibe zum Überwintern. Aber auch Turmfalken wurden hier schon gesichtet. Geologen geraten angesichts der bizarren Steilwand regelmäßig ins Schwärmen. Bei dem Gestein handelt es sich um eine rund 200 Millionen Jahre alte »Hauptrogenstein-Formation«, eine geologische Besonderheit im Oberrheintal, deren grobkörnige Struktur optisch an Fischrogen erinnert.

Nicht minder begeistert sind die Archäologen von dieser Ecke am Fuße des Tunibergs. Als in der Nähe des Sportplatzes für ein neues Baugebiet gebaggert wurde, stieß man auf geballte Vergangenheit. Lange vor den Römern und Kelten hatten hier Jäger aus der Altsteinzeit ihre Spuren hinterlassen: Klingen und Schaber aus Feuerstein sowie Knochen von Wollnashörnern. Sie stammen aus dem sogenannten Magdalénien, einer Epoche, die auf circa 17.000 bis 10.000 vor Christus datiert wird. Die Werkzeuge dienten dazu, die Jagdbeute zu zerkleinern und die Felle aufzubereiten. Die Funde, die heute im Archäologischen Museum in Freiburg zu bestaunen sind, haben dafür gesorgt, dass Munzingen Archäologen in ganz Europa ein Begriff ist.

Adresse 79112 Freiburg-Munzingen | **Anfahrt** Von Freiburg über den Zubringer Mitte nach Munzingen, am Ortsende rechts Richtung »Sportanlagen« und Waldparkplatz. Von hier aus sind es nur wenige Meter bis zum Oberen Steingrüble. | **Tipp** Gleich zwei Schlösser gibt es im Stadtteil: das Schloss Munzingen mit seiner schönen Rokokofassade und das Schloss Rheinach. Der ehemalige Gutshof beherbergt ein Hotel und ein Restaurant. Letzteres bietet Gelegenheit, die Weine und den Spargel zu probieren. Für beides ist Munzingen mindestens ebenso bekannt wie für die steinzeitlichen Funde.

68 Der Panzerkreuzer

Das Schlachtschiff der Nachbarn

Freiburg und die Franzosen, das ist eine ganz spezielle Liaison, die 1677 stürmisch begann und bis heute andauert. Immer wieder wurde die Stadt von den Nachbarn belagert, erobert, geplündert, geschleift und war dabei doch stets nur Spielball der großen Politik. Dass Freiburg bis 1992 eine französische Garnisonsstadt war, ist fast vergessen. Zuletzt lebten hier noch 5.000 Franzosen. Sie hatten eigene Schulen, Vorschulen, Supermärkte, ein Krankenhaus, eine Gendarmerie und eine Post. Ihre Kasernen, Wohnblocks und Verwaltungsgebäude prägten das Stadtbild. Die Kommandantur samt Hauptquartier der dritten Panzerdivision befand sich am Rande der Altstadt. Wie ein Schlachtschiff erhebt sich der markante sechsstöckige Bau aus den 1950er Jahren neben dem Fahnenbergplatz, weshalb er im Volksmund auch Panzerkreuzer genannt wird. Am Bug weht heute die Flagge der Universität. Seit 1996 residiert hier das Rektorat.

Der Panzerkreuzer ist eines der letzten typischen Bauwerke aus dieser 47-jährigen französischen Besatzungszeit und steht seit 1988 unter Denkmalschutz. Die Eingangshalle ist überraschend lichtdurchflutet und geht über in ein großzügig bemessenes, repräsentatives Treppenhaus. Im Untergeschoss gab es ein Kino, und körperlich ertüchtigen konnten sich die Offiziere in einem Fechtsaal.

Der benachbarte Fahnenbergplatz ist nach dem Stadtschreiber Franz Ferdinand Meyer benannt, der die Stadt 1713 durch eine mutige Aktion vor der Plünderung durch die Franzosen rettete: Nachdem die Stadtoberen und die führenden Militärs getürmt waren, zog er mit einer weißen Fahne ins französische Lager und verhandelte. Zum Dank wurde er in den Adelsstand erhoben und durfte sich »von Fahnenberg« nennen. Anzumerken bleibt, dass das Verhältnis zu den Franzosen heute ein freundschaftliches ist. Man begegnet sich auf dem Weihnachtsmarkt und auf dem Münstermarkt und plündert gemeinsam die Kaufhäuser.

Adresse Friedrichstraße 39, 79098 Freiburg-Neuburg | **ÖPNV** Straßenbahnlinien 1, 3, 5, Haltestelle Stadttheater, dann zu Fuß Richtung Rotteckring | **Tipp** Gleich gegenüber dem Panzerkreuzer lag das ehemalige »Grand Hotel«, legendärer Ort für Festivitäten. Das Gebäude wurde abgerissen. Im Dachgeschoss des Neubaus befindet sich das AOK-Forum, eine empfehlenswerte Kantine, die zur Mittagszeit für jedermann geöffnet hat und als Gratis-Beilage eine schöne Aussicht von der Dachterrasse auf die Altstadt bietet.

69 Das Partnerschaftsmosaik

Wo Schönes mit Füßen getreten wird

Unter dem Pflaster liegt der Strand – den Refrain des Protestsongs aus den bewegten 1968er Jahren kann man auf dem Freiburger Münsterplatz wörtlich nehmen. Der »Strand« ist zwischen den massiven Rheinkieseln deutlich zu sehen und zu spüren. Insbesondere High-Heels-Trägerinnen brauchen auf dem mittelalterlichen Pflaster ein zusätzliches Maß an Leidensbereitschaft, denn nicht immer endet der Balanceakt glimpflich. In diesem Fall stehen innenstadtnah Schuhmacher und Orthopäden hilfreich zur Seite.

Was in der Grobversion eine Herausforderung ist, kann in der Feinversion begeistern. Eine Besonderheit, die allerdings oft achtlos mit Füßen getreten wird, sind die Pflastermosaike. Sie bestehen meist aus bunten Rheinkieseln, die gespalten und mit der glatten Seite nach oben in ein Sandbett geklopft wurden. Die prächtigsten liegen vor dem Rathaus. Hier verewigte sich nicht nur die Stadt Freiburg mit Wappen und Siegel, sondern setzte auch ihren zwölf Partnerstädten Besançon, Innsbruck, Padua, Guildford, Madison, Matsuyama, Lviv, Granada, Isfahan, Suwon, Tel Aviv-Yafo und Wiwilí ein hübsches Denkmal. Bei Regen ist das Pflastermosaik am schönsten, das Wasser bringt die Farben der Steine regelrecht zum Leuchten.

Zu den bunten Rheinkieseln hinzu gesellen sich Granit, Basalt, Marmor, Porphyr. Inzwischen werden für Details auch Kunststeine verwendet.

Angeblich hatte ein Freiburger Pflasterermeister, inspiriert von Gehwegen in Südfrankreich, die Mosaike als neuen Geschäftszweig Mitte des 19. Jahrhunderts in seine Heimatstadt importiert. Bezugsquelle für die Steine waren Fischer, die in der fangarmen Saison im Winter bunte Rheinkiesel fischten, sortierten und spalteten.

Einen regelrechten Boom erlebte die Pflasterkunst in den 1970er Jahren, also zu besten »Pflasterstrand-Zeiten«, als die Innenstadt zur Fußgängerzone deklariert wurde. Von da an gab es genug Flächen zum Verschönern.

Adresse Rathausplatz 2–4, 79098 Freiburg-Altstadt | **ÖPNV** Straßenbahnlinien 1, 2, 3, 4, Haltestelle Bertoldsbrunnen | **Tipp** Kaliumnitrat, Schwefel und Holzkohlepulver gut gemischt auf den Ofen gestellt, hatten einst wohl einen größeren Feuerwehreinsatz zur Folge, denn das Ganze erwies sich als hochexplosiv und flog mitsamt dem Ofen in die Luft. Der Vorfall spielte sich angeblich im 14. Jahrhundert ab. Verursacher war ein Freiburger Franziskanermönch namens Berthold Schwarz, der so ganz nebenbei das Schießpulver erfunden haben soll. Die Geschichte wird zwar kontrovers diskutiert, Berthold Schwarz erhielt aber trotzdem ein Denkmal auf dem Rathausplatz.

70 Die Passstraße

Winterglück mit Alpensicht

Die richtige Bescherung gibt es manchmal ja erst am zweiten Weihnachtsfeiertag, wenn ein Blick nach draußen den Wetterbericht bestätigt: dichte Nebelsuppe und Matsch im Tal, Neuschnee und Sonne auf der Höhe. Dies ist der Moment, in dem ein Großteil der Freiburger beschließt, den Hausberg zu entern. Spätestens gegen 14 Uhr trifft sich dann »tout Freiburg« auf dem Schauinsland. Erste Gelegenheit, das neue Winter-Outdoor-Outfit unter Realbedingungen zu testen.

Der Schaulauf beginnt an irgendeinem noch freien Parkplatz entlang der Passstraße beim Gipfel. Von hier aus besteigt man die Promenade, die in zwei Richtungen führt: zum Café in der Bergstation oder zum Café in der Halde, man geht also nach links oder nach rechts. In jedem Fall bewegt man sich buchstäblich auf einem schmalen Grat und hat eine Aussicht, die, wenn man einmal von Zugspitze, Matterhorn oder Mont Blanc absieht, atemberaubender nicht sein könnte.

Hier oben auf knapp über 1.000 Metern zeigt der Schwarzwald, was er kann. Auf der einen Seite tauchen neben dem Feldbergmassiv die Schweizer Alpen aus dem Dunst auf, auf der anderen Seite erheben sich die Spitzen des Kaiserstuhls, und dahinter schieben sich die Vogesen aus dem Nebelmeer über der Rheinebene. Der Schnee knirscht unter den Stiefeln, der Himmel ist stahlblau und wird allenfalls von ein paar Kite-Drachen bewölkt. Wer das Winterglück verlängern will, peilt nach der Panorama-Gratwanderung nicht gleich die Sonnenterrasse am Hotel Halde an. Er geht nach rechts, überquert die Straße und reiht sich mit vielen anderen, die nicht genug bekommen können, auf einem kleinen Rundweg ein. Der führt direkt am Hang entlang und zeigt noch einmal den Film »Vogesen und Kaiserstuhl über dem Nebel«.

Die Tour lohnt sich übrigens auch, wenn die von Frankreich kommenden Herbststürme mit dramatischen Wolkenformationen über den Schwarzwald brausen.

Adresse Schauinsland, 79100 Freiburg | Anfahrt mit dem Auto Richtung Günterstal, Schauinslandstraße bis zur Bergstation, entlang der Passstraße einen Parkplatz aufsuchen | Tipp Das Kaminzimmer im Berghotel Halde auf dem Schauinsland ist ein genialer Ort, um sich nach der Schneewanderung mit heißen Getränken und köstlichen Kalorienbomben zu stärken.

71 Der Pilz-Bunker

Unterirdische Delikatessen

Stammkunden kommen schon mal direkt in den Bunker. Im Freiburger Osten, dort, wo der Schlossberg in den Hirzberg übergeht, liegt am Ende der Kartäuserstraße etwas versteckt der Eingang zu einem verzweigten Bunkersystem aus dem Zweiten Weltkrieg. Wenn das schwere grüne Eisentor offen steht, ist Erntezeit in den feuchtwarmen Katakomben. Seit 1992 befindet sich in einem Querstollen Deutschlands wahrscheinlich außergewöhnlichste Edelpilzzucht. In endlos langen Reihen sprießen auf langen Spezialpaletten pralle Steinchampignons, die zusammen mit Shiitakepilzen, Kräuterseitlingen, Austernpilzen und Rosenseitlingen auf dem Münstermarkt verkauft werden. Sie sind inzwischen als Alternative zu Fleisch nicht nur bei Feinschmeckern heiß begehrt.

Die friedliche Nutzung des Bunkers geht auf das Konto des leidenschaftlichen Pilzzüchters Peter Metzger, einem ehemaligen Bauingenieur aus Berlin. Er machte sein Hobby zum Beruf und fand hierfür in den Eingeweiden des Hirzbergs ideale Bedingungen vor: Dunkelheit, feuchte Luft und eine Temperatur um zehn Grad. Die ist nötig, damit die Pilze schön langsam wachsen und dabei möglichst viel Geschmack entwickeln. Zwei- bis dreimal in der Woche wird geerntet – je nach Bedarf. Das ist mühevolle Handarbeit in der etwas unheimlichen Bunker-Einsamkeit. Die Geschichte ist dabei allgegenwärtig.

Ab und an kommen Zeitzeugen oder Hobbyhistoriker und plaudern aus dem Nähkästchen der Erinnerung, erzählen von der Nutzung der Anlage während des Zweiten Weltkriegs und während der französischen Besatzungszeit. Treppen, die im Nichts enden, herausgerissene Sanitäreinrichtungen, zugemauerte Durchgänge sind stumme Zeugen dieser aufwühlenden Zeit. Der Pilzstollen ist nur ein kleiner Teil eines Labyrinths, das für den Besucher immer wieder an massiven Mauern aus Beton und Backsteinen endet und viel Raum für Phantasie lässt. Manch einer vermutet sogar das legendäre Bernsteinzimmer irgendwo im Berg.

Adresse Kartäuserstraße 117, 79104 Freiburg-Waldsee | **Anfahrt** Auf der Kartäuserstraße bis kurz vor die Kartause. In der Kurve links abbiegen, und schon sieht man den Eingang zum Bunker. | **Öffnungszeiten** Freitag von 14–16 Uhr wird im Bunker geerntet. Gelegenheit, einen Blick hineinzuwerfen und einzukaufen. Am Stand auf dem Münstermarkt gibt es die Schlossbergpilze ebenfalls. | **Tipp** Trüffel, die De-luxe-Pilzversion, sollen an streng geheimen Plätzen auf dem Schönberg wachsen. Für einen Sonntagsausflug – auch ohne Trüffelhund – lohnt sich der Schönberg allemal, zum Beispiel im Frühling während der Obstblüte.

72_Das Präsenzgässle

Auf Tuchfühlung mit dem Gegenverkehr

In Wien heißt es Gasse. In Freiburg sagt man Gässle dazu. Meist fließt daneben ein Bächle, und alles zusammen ist maximal 1,5 Meter breit. Zum Münsterplatz führen das Kopfgässle, das Waisenhausgässle, das Kaufhausgässle, das Dillengässle. Manche sind so schmal, dass sich Google Maps schwertut. Das vermutlich engste Gässle ist das Präsenzgässle zwischen Herrenstraße und Münsterplatz. Es misst an der engsten Stelle nur einen Meter. Bei Gegenverkehr, insbesondere wenn dieser etwas beleibter ist, kann es knapp werden. Menschen mit Platzangst sollten sich vorher genau überlegen, was möglicherweise auf sie zukommt. Wenn einem im Gässle eine ganze Reisegruppe entgegenwalzt, bleibt selbst dem Unerschrockenen nichts anderes übrig, als sich flach an die Wand zu drücken.

Seinen Namen hat das Gässle aber nicht wegen all der Unwägbarkeiten, die darin lauern und eine besondere geistige Präsenz erfordern, sondern von den Präsenzherren, die einst häufig hier gesehen wurden. Sie genossen ein sicheres Einkommen aus ihrem Kirchenamt und mussten als Gegenleistung zu den täglichen Messen und Chorgebeten im Münster anwesend sein. Unentschuldigtes Fehlen hatte Einkommenseinbußen zur Folge, was sich wahrscheinlich motivierend auf die Herren auswirkte. Der kürzeste Weg vom Wohnort in der Herrenstraße zum Ort der Pflichterfüllung war just jene enge Gasse, die irgendwann nach den hindurcheilenden Präsenzherren benannt wurde.

In genau umgekehrte Richtung, nämlich vom Münsterplatz Richtung Präsenzgässle, galoppierten vor einigen Jahren die schweren Kaltblüter einer Freiburger Brauerei samt Wagen mit Bierfässern. Ihnen war die Präsenz auf dem Platz durch zu viel Marktgetümmel verleidet worden. Die Besuchermassen stoben auseinander, Gemüsekisten wirbelten umher, und Fahnenmasten gingen zu Bruch. Weit kamen die Brauereigäule nicht. An der engsten Gasse Freiburgs war auch für sie Ende der Fahnenstange.

Adresse Präsenzgässle, 79098 Freiburg-Altstadt | **ÖPNV** Straßenbahnlinie 1, Haltestelle Oberlinden, dann Richtung Herrenstraße | **Tipp** Legendär ist im nahe gelegenen Gasthaus Löwen in der Herrenstraße die gegrillte Schweinshaxe für Nachtschwärmer, die von 23 Uhr bis 2 Uhr serviert wird und ab Mitternacht immer knuspriger wird. Nach dem Verzehr sollte man aber vielleicht nicht mehr durchs enge Präsenzgässle gehen.

73 Der Rehbrunnen

Skandal im Stadtwald

Die Grenze zwischen Kunst und Kitsch ist fließend, und gerade das macht den Rehbrunnen so schön. Ganz überraschend taucht er am Wegrand in der Bodlesau zwischen Lorettoberg und Günterstal auf. Kinder reagieren meist begeistert und testen die Klettertauglichkeit der zwei Wasserbassins. Darüber thront unter einem filigran geschmiedeten Baldachin ein lebensgroßer Rehbock aus Bronze – Jugendstil mitten im Wald.

Die Skulptur stammt ursprünglich aus dem Jahr 1913. Sie wurde von dem Bildhauer Ludwig Kubanek entworfen, aus dessen Werkstatt etliche Freiburger Brunnenskulpturen kommen. Die Geschichte des Rehbrunnens erinnert allerdings ein wenig an das berühmt-berüchtigte Schilda. In Freiburg hat alles damit angefangen, dass ein »Waldbrunnen in einfachster und gediegenster Form« errichtet werden sollte. Ganz so schlicht sollte er dann aber doch nicht werden, sondern eine »Zierde der Bodlesau«. Der daraufhin eingereichte Entwurf sah einen Brunnen mit einer Rehgeiß aus Bronze unter einem filigranen schmiedeeisernen Dach vor. Das Reh indes schien den Stadtoberen einen Tick zu mickrig. Etwas Prächtigeres sollte her. Es gab einen neuen Entwurf, und die Rehgeiß mutierte zum Hirsch. Da das stattliche Geweih nicht so recht unter den Baldachin passte, musste dieser vergrößert werden. Das Budget war jedoch längst überschritten. Mittlerweile regte sich Protest in der Bürgerschaft, und auch die Presse spitzte ihre Federn. Derart aufgeschreckt wurde der Hirsch im Entwurf Nummer drei flugs zum Rehbock degradiert. Das senkte zwar die Kosten, doch der Rehbrunnen war längst zum Skandalbrunnen geworden. Erst recht, als sich herausstellte, dass er ohne Genehmigung der Stadtverordneten gebaut worden war. Diese wurde wohl oder übel nachträglich erteilt.

Das Schicksal des Rehbocks endete indes tragisch. Er wurde im Zweiten Weltkrieg eingeschmolzen. Sein Nachfolger hält seit 1960 die Stellung.

Adresse Stadtwald Wonnhalde, 79100 Freiburg-Günterstal | ÖPNV Straßenbahnlinie 2 Richtung Günterstal, Haltestelle Wonnhalde, von hier aus zu Fuß am Waldhaus vorbei auf dem Waldweg immer geradeaus gehen. Er führt direkt zum Rehbrunnen. Gehzeit circa 25 Minuten. | Tipp Die Ochsenbrücke an der Eschholzstraße zwischen den Stadtteilen Haslach und Stühlinger ist ebenfalls ein Werk des Rehbrunnen-Künstlers Ludwig Kubanek. Die massiven Betonochsen erinnern an die landwirtschaftliche Vergangenheit des heutigen Stadtteils Haslach.

74 Der Roßkopf

Vom Ei zum Windrad

Böse Zungen sprechen vom Freiburger Rotlichtviertel. Andere fühlen sich nachts durch die im Sekundentakt blinkenden Rotlichter an ein Ufo im Landeanflug erinnert. Fakt ist, dass weder die Rotlichtszene auf den 737 Meter hohen Roßkopf ausgelagert wurde, noch hier eine Invasion von Außerirdischen droht. Was blinkt, sind die Markierungsleuchten der vier Windräder, die sich seit 2003 auf dem Freiburger Ausflugsberg drehen.

Um die Baugenehmigung wurde seinerzeit heftig gerungen. Groß waren die Bedenken, mit den Rotoren Fledermäuse, Rehe und Touristen in die Flucht zu schlagen. Heute schmückt der Bergrücken mit den Windrädern die Hochglanzbroschüren der Green City. Dass eine Stadt so markante Bauwerke mitten auf ihren Hausberg stellen ließ, ist nach wie vor anerkennenswert. Betreiber der Anlagen ist die »regiowind GmbH«. Je nachdem, wie heftig der Wind weht, werden pro Jahr im Schnitt circa acht bis neun Millionen Kilowattstunden erzeugt. Nur wenige Meter von den Windrädern entfernt schraubt sich der Roßkopf-Aussichtsturm in den Himmel und bietet einen dieser grandiosen Rundumblicke, dank denen die Gipfel rund um Freiburg so beliebt sind. Wer die knapp 35 Meter auf die Aussichtsplattform hinaufsteigt, hat über den Baumwipfeln freie Sicht auf die Rotorblätter in 98 Meter Höhe.

Das Design des Maschinengehäuses soll von dem britischen Stararchitekten Norman Foster stammen, der auch die Reichstagskuppel in Berlin entworfen hat. Die Idee dazu kam dem Meister im Hotel Adlon, wo er sich von seinem Frühstücksei inspirieren ließ. Er steckte drei Zahnstocher hinein, und fertig war der »Prototyp« – so weit die Legende. Den Mountainbikern, die sich am Berg tummeln, sind solche designerischen Höhenflüge vermutlich egal. Sie konzentrieren sich auf eher bodenständige Herausforderungen. Wer ein richtiger Biker sein will, muss nämlich mindestens zehnmal im Jahr den Roßkopf erklimmen.

Adresse Roßkopf, 79117 Freiburg | **Anfahrt** Mit dem Auto geht offiziell gar nichts. Zu Fuß oder mit dem Fahrrad erreicht man den Roßkopf auf den ausgeschilderten Wegen über den Schlossberg oder über die Kartäuserstraße ab der Jugendherberge. | **Tipp** Auf dem Höhenrücken zwischen dem Kleinen und dem Großen Roßkopf liegt eine hübsche Kapelle, die dem heiligen Wendelin, dem Patron der Hirten und Weidetiere, gewidmet ist. Sie stammt aus dem 18. Jahrhundert. Früher suchten hier Hirten aus Ebnet Schutz vor Gewittern.

75 Die Rösterei Schwarzwild

Sinnesfreuden im Hinterhof

Auf den letzten Metern der Zielgeraden heißt es: »Immer der Nase nach.« Der Duft von frisch geröstetem Kaffee ist umwerfend und lockt schon von Weitem. In einem engen, kopfsteingepflasterten Hinterhof in der Kartäuserstraße hat sich eine kleine Kaffee-Oase etabliert. Der Name des Betriebs »Schwarzwild« lässt zwar zunächst an ein Fachgeschäft für waidmännisches Equipment denken, ist aber ganz anders gemeint. »Schwarzwild« will in sinnlichere Regionen entführen: Schwarz wie Schwarzwald, schwarz wie guter Kaffee – auf beides war Andrea Jauch »wild«, als sie sich entschied, den sicheren Job für ihre Leidenschaft aufzugeben.

Sie ist im Schwarzwald geboren und liebt die Region. In ihrem ersten Leben organisierte sie Kongresse, 2011 machte sie sich mit der Rösterei »Schwarzwild« selbstständig. Verarbeitet werden kleine Mengen hochwertiger Sorten. Sie stammen aus nachhaltigem Anbau und fairem Handel, wenn möglich, direkt vom Erzeuger. Das Zuhause dieser Kaffee-Philosophie ist eine ehemalige Schmiede. Einst eine vollgestopfte Werkstatt, heute ein schnörkelloses weiß gestrichenes Schmuckstück, das man in einem Hinterhof so nicht erwartet. Die Rösterei besteht aus einem einzigen Raum. Hier spielt sich alles ab: Vor der Theke stapeln sich die Jutesäcke mit den Kaffeebohnen aus aller Welt. Im Hintergrund summt die Röstmaschine. Es wird geröstet, gemahlen, verpackt, Kaffee zubereitet, serviert. Die Chefin fliegt von einem zum anderen. Selbst bei Hochbetrieb nimmt sie sich Zeit für die Beratung.

Man kann auch ganz einfach einen Kaffee trinken und beim Rösten zuschauen. Das tun erstaunlich viele. Am frühen Nachmittag geht es zu wie in einem Taubenschlag. Büroangestellte der Umgebung kommen gern auf einen Espresso während der Pause vorbei. Kaffee ist eben doch mehr als eine braune Flüssigkeit, die auf der Heizplatte vor sich hin wabert und allenfalls zum Härtetest für die Magenschleimhaut taugt.

Adresse Kartäuserstraße 60, 79102 Freiburg-Oberau | ÖPNV Straßenbahnlinie 1, Haltestelle Schwabentorring, von hier Richtung Kartäuserstraße | Öffnungszeiten Di–Fr 11–18.30 Uhr, Sa 10–14 Uhr | Tipp Das Studio Freiburg des SWR liegt ganz in der Nähe. Im Schlossbergsaal finden Konzerte und Lesungen statt, und jeden Dienstag und Donnerstag kann man um 11.30 Uhr und um 15 Uhr hinter die Kulissen der Funk- und Fernsehmacher schauen. Anmeldung unter studio.freiburg@swr.de.

76_Der Rote Otto

Wenn späte Liebe rostet

Ja, auch so beschauliche Städte wie Freiburg haben ihre Plattenbausiedlungen. Sie heißen Weingarten und Landwasser. Das Wahrzeichen von Landwasser ist der »Rote Otto«, eine zwölf Meter hohe rote Plastik aus Polyester und Beton des Bildhauers Eberhard Rau, die 1973 zum Entsetzen der Anwohner an der Auwaldstraße errichtet wurde. Sie stellt drei knallrote, klobige Figuren mit mächtigen Pratzen dar, die man als Mann, Frau und Kind identifizieren kann. Der Künstler wollte damit einen Bezug zwischen dem Halbgott Faunus, der in der römischen Mythologie für Natur und Fruchtbarkeit zuständig ist, und den jungen Familien im neuen Stadtteil schaffen. Außerdem spielte Rau darauf an, dass Landwasser einem ehemaligen Waldgebiet abgerungen wurde.

Der durch die Anwohner des Stadtteils personifizierte Volksmund scherte sich nicht um solche Feinheiten. Die Figurengruppe bekam den Namen »Roter Otto«. Basta. Warum Otto und nicht Heinrich, Fritz, Else oder Martha, bleibt ein Geheimnis. Dabei war der Name zunächst eher spöttisch und despektierlich als liebevoll gemeint. Die Liebe kam erst mit den Jahren. Als Wind, Wetter, abenteuertrunkene Jugendliche und der Zahn der Zeit an den Figuren zerrten, wurden verschiedene Renovierungen fällig. Deren Effekt war meist schnell verblasst. Und deshalb verliert der »Rote Otto« immer mal wieder ein Auge, und auch an anderen Körperregionen wirft der Lack Blasen. Abreißen oder noch mal renovieren, lautet stets die Frage der zuständigen Behörden. Die Antwort geben die inzwischen in Leidenschaft für ihren »Roten Otto« entflammten Anwohner einmütig: Sanieren!

Die Plastik, die auf den ersten Blick so standfest wirkt, ist durchaus zu einer gewissen filigranen Beweglichkeit fähig. Je nach Windrichtung können sich die Elemente im oberen Bereich drehen, sodass die Betonfamilie den Besuchern der Plattenbausiedlung freundlich zuwinkt.

Adresse Ecke Auwaldstraße, 79110 Freiburg-Landwasser | Anfahrt Von Freiburg-Stadtmitte über den Autobahnzubringer Richtung Umkirch fahren, Ausfahrt Landwasser, hier rechts in die Auwaldstraße. Der »Rote Otto« steht direkt an der Kreuzung. | Tipp Der Moosweiher ganz in der Nähe von Landwasser entstand Anfang der 1960er Jahre im Zuge des Autobahnbaus. Zusammen mit einer 15,3 Hektar großen Parkanlage ist er ein beliebtes Ausflugsziel.

77__Der Sandfang

Dolce Vita an der Fischtreppe

Bis zum Mittelmeer sind es von Freiburg rund 750 Kilometer, bis zum Nordseestrand rund 700 Kilometer. Der Dreisamstrand liegt direkt vor der Haustür. Mit überraschend attraktiven Plätzen. Das Strandleben am Fluss kann eine Entdeckung sein und eine Alternative zum kreischenden Ambiente in überfüllten Schwimmbädern.

»Dreisam« heißt nicht etwa, dass drei Bäche zusammenfließen, der Name kommt aus dem Keltischen. Er bedeutet so viel wie »die schnell Fließende« und ist Programm. Das muntere Flüsschen wird von klaren Schwarzwaldbächen gespeist und fließt bisweilen mit ordentlichem Tempo mitten durch Freiburg. So ist ein relativ innenstadtnahes Strandleben möglich. Man kann das Badetuch bereits fünf Minuten entfernt von der Uni ausbreiten und so gegebenenfalls das Onlineseminar mit etwas Lebensqualität aufpeppen.

Ein besonderer Ort liegt oberhalb am Flusslauf zwischen der Oberau und dem alten SC-Stadion. Beim Sandfang wird der Gewerbekanal für die Bächle abgezweigt. Die strömungsberuhigte Zone bildet einen idealen Platz, um heiße Sommernachmittage zu verträumen, dem Nachwuchs beim Platschen zu assistieren oder entspannt Ideen für die nächste Seminararbeit zu sondieren. Eine Auszeit am Flussufer, ab und zu eine Abkühlung in den Bassins aus tonnenschweren Steinquadern, das ist Dolce Vita diesseits der Alpen nach Freiburger Art.

Da stört es nicht, dass in unmittelbarer Nähe zu den Müßiggängern ein modernes Flusskraftwerk arbeitet und die Bassins am Sandfang nicht als Planschbecken eingerichtet wurden, sondern als Fischtreppe. Diese soll eines Tages sogar Lachse dazu ermutigen, flussaufwärts zu wandern, um in Schwarzwaldbächen zu laichen. Damit das Hochwasser, das die Dreisam regelmäßig in einen gefährlichen, reißenden Fluss verwandelt, die Quader nicht wegschwemmen kann, wurden sie sogar in den felsigen Untergrund des Flussbettes gedübelt. Sicher ist sicher.

Adresse Kartäuserstraße, Ecke Sandfangbrücke, 79102 Freiburg-Oberau | **ÖPNV** Straßenbahnlinie 1, Haltestelle Musikhochschule, dann über die Hirzbergstraße zum Fußweg an der Dreisam und diesen bis zum Sandfang gehen, circa 10 Minuten | **Tipp** Zum Durstlöschen auf dem Heimweg zurück in die Stadt eignet sich das Gasthaus »Zum Stahl« in der Kartäuserstraße mit seinem lauschigen Biergarten unter Kastanien.

78 Die Säule der Toleranz

Der Leuchtturm im Bermudadreieck

Die Spanische Treppe in Rom ist im Vergleich zum Freiburger Augustinerplatz ein Ort der Stille. Zwar sind beide ein Magnet für Menschen in Feierlaune, aber auf der Augustinerplatztreppe geht es handfester zu. Bis hierher reicht im Sommer die Verlängerung des Freiburger Bermudadreiecks. Diese berühmt-berüchtigte Partymeile zwischen Martinstor, Bertoldsbrunnen und Schwabentor sorgt für lange Nachtschichten bei der Polizei und Rettungskräften.

Die Sommersaison ist den Anwohnern ein Graus. An Wochenenden und in lauen Nächten feiern in der City Tausende Partywütige und sind in der Regel nicht zu überhören. Zu den magischen Zentren für feuchtfröhliche Sitzblockaden gehört der Augustinerplatz. Hier wird bis in die frühen Morgenstunden getrommelt, getanzt, gegrillt, pyrotechnisch experimentiert und dazu reichlich Hochprozentiges verkostet. Manch einer reist gleich mit Schlafsack an, um sich nach so viel Party den mühsamen Heimweg zu ersparen. Dass die Anwohner scharenweise auf die Barrikaden gehen und für ihre Nachtruhe kämpfen, ist nicht verwunderlich.

2009 sollte alles anders werden. Auf Initiative der Stadtverwaltung wurde auf dem Augustinerplatz die »Säule der Toleranz« errichtet. Eine schlanke Stele, drei Meter hoch, 17.000 Euro schwer. Ab 23 Uhr färbt sie sich von Grün in dezent Rot und mahnt so die Feierwütigen zu mehr Ruhe. Am Problem hat sich dadurch nichts geändert. Die Party geht weiter. Der Konflikt ebenso. Die einen schwärmen vom Flair des Platzes und empfehlen Anwohnern, die partout nicht auf ihre Nachtruhe verzichten wollen, Ohropax oder gleich wegzuziehen. Die Gequälten indes kämpfen weiter für ihr Bleiberecht. Und inmitten des Getöses taucht jeden Abend die »Säule der Toleranz« den Augustinerplatz in stimmungsvolles Licht, so schön, dass man sie nicht mehr missen wollte. Vielleicht sollte die Stadt dem Beispiel Roms folgen und wie auf der Spanischen Treppe »Sitzgeld« kassieren.

Adresse Augustinerplatz, 79098 Freiburg-Altstadt | ÖPNV Straßenbahnlinie 1 Richtung Littenweiler, Haltestelle Oberlinden | Tipp Wem es auf dem Augustinerplatz zu wild zugeht, dem sei der Feierling-Biergarten empfohlen, ein wunderschöner klassischer Biergarten unter Kastanienbäumen. Er befindet sich in der Gerberau. Serviert werden bajuwarisch-badische Klassiker, dazu Bier aus der hauseigenen Brauerei.

79 Die Schauinslandbahn

Denkmal trifft Hightech

Was für schöne Folgen doch ein Ausflug in luftige Höhen haben kann! Als sich der Freiburger Stadtrat 1893 zur Besichtigung einer Forststraße auf den Schauinsland begab, kam den illustren Herren an der vielen frischen Luft auf 1.284 Metern und angesichts der großartigen Aussicht auf ihre Stadt eine folgenreiche Idee. Wie wäre es, den Berg via Seilbahn für die Allgemeinheit zu erschließen? Dies war sozusagen die Initialzündung für die Schauinslandbahn, die heute die Stadt mit dem Gipfel ihres Hausbergs verbindet. Sie ist Deutschlands längste Umlaufseilbahn und ein Technikdenkmal der besonderen Art.

Bis zur tatsächlichen Grundsteinlegung dauerte es allerdings noch mehr als drei Jahrzehnte. Im März 1930 begannen die Bauarbeiten, die es in sich hatten. Auf der 3,6 Kilometer langen Strecke wurden auf massiven Betonfundamenten sieben Stahlstützen errichtet: Sie sehen aus wie Miniatur-Eiffeltürme und tragen noch heute die Seilbahn. Pferde und Traktoren zerrten die tonnenschweren Stahlseile den Berg hinauf.

Die Arbeiten auf dem steilen Gelände waren eine unglaubliche Schinderei. Dennoch konnte die Bahn nach knapp vier Monaten Bauzeit im Juli 1930 eingeweiht werden. Sie war die erste Großkabinenseilbahn der Welt, die nach dem Umlaufprinzip funktionierte, und blieb rekordverdächtige 57 Jahre in Betrieb. 1987 bis 1988 war eine umfangreiche technische Sanierung fällig. Seither sind 37 kleinere, schaffnerlose Kabinen im Einsatz. Sie befördern pro Jahr rund 200.000 Fahrgäste auf den Gipfel.

Der neueste Stand der Technik hielt in der Wintersaison 2012/2013 Einzug in das Denkmal. Die softwaregestützte Steuerung der technischen Überwachung ist in einer Art »Cockpit« zwischen Ankunfts- und Abfahrtsbereich der Kabinen untergebracht. Im Antriebsraum regelt Freiburgs größte Treibscheibe die Kraftübertragung auf die Zugseile, und nebenan gibt es sogar ein Minimuseum zur Schauinslandbahn.

Adresse Talstation, Bohrerstraße 11, 79289 Horben-Bohrer | ÖPNV ab Freiburg Bertoldsbrunnen mit der Straßenbahnlinie 2 nach Günterstal bis zur Endstation, dann mit dem Bus direkt zur Talstation | Öffnungszeiten Jan.–Juni und Okt.–Dez. täglich 9–17 Uhr, Juli–Sept. 9–18 Uhr | Tipp Wer wissen will, wie eine Umlaufseilbahn funktioniert, der kann an einer speziellen Technikführung teilnehmen. Termine und Anmeldung unter www.schauinslandbahn.de.

80 Der schlafende Riese

Trocken schlucken

»Unter der Brücke« gilt landläufig nicht als die allerfeinste Adresse. Der »Schlucker« und der »Spucker« hausen hier seit Jahrzehnten. Kopf, Hände und Zehenspitzen lugen aus dem Boden, der Rest der Körper ist unter dem Kopfsteinpflaster begraben. Franz Gutmann hat es so gewollt. Der Bildhauer aus dem Münstertal bekam 1982 von der Stadt Freiburg den Auftrag, den Raum unter der Stadtbahnbrücke zu gestalten, die über den Stühlinger Kirchplatz führt. Nicht ganz einfach, denn der Brückenbogen hat auf einer Seite kaum Stehhöhe. Gutmann legte dort einen Riesen flach, so, dass nur noch sein Maul zu sehen ist. Das ist der »Schlucker«. Als sein Gegenpol erhebt sich ihm gegenüber ein Beton-Mondgesicht, der »Spucker«. Beide zusammen bilden ein geniales Wasserspiel – was der eine spuckt, soll über ein »Bächle« ins Maul des schlafenden Riesen gegenüber fließen. Leider sind die beiden Hünen meist trockengelegt, und der arme »Schlucker« hat das Maul voll Laub und Müll.

Mit der Installation von Gutmann, einem Studienkollegen von Joseph Beuys, sollte auch der Stühlinger Kirchplatz aufgewertet werden, der als Problem-Platz gilt. So richtig hat das nicht geklappt, denn die Drogenszene ist hier mehr am Geschäft interessiert als an Kunst und definiert schlucken und spucken auf eigene Art. Der Stadtteil Stühlinger hinter dem Hauptbahnhof, einst Arbeitervorstadt, ist gleichwohl ein lebendiger Kiez mit Kultur, Kneipen, Handwerksbetrieben und Secondhandläden. Durch die Bahngleise von der City mit ihren gediegenen Attraktionen regelrecht abgeschnitten, konnte sich der Stadtteil entwickeln, nicht zu geschleckt, dafür mit ein paar Ecken und Kanten.

Den Einstieg in dieses andere Freiburg markiert die Stadtbahnbrücke. Fast verborgen führen darunter der »Schlucker« und der »Spucker« ihr Eigenleben, bieten Taubenkolonien Balz- und Ruheplätzchen und sehen stumm der Szene und so manchem Deal zu.

Adresse Stühlinger Kirchplatz, 79106 Freiburg-Stühlinger | ÖPNV Straßenbahnlinien 2, 3, 5, Haltestelle Hauptbahnhof | Tipp Jeden Samstag findet unter der Stadtbahnbrücke von acht bis 13 Uhr ein Bauernmarkt statt. Der ist beliebt wegen seines üppigen Angebots und weil man hier selbst bei strömendem Regen trockenen Hauptes den Wochenendeinkauf erledigen kann.

81 Der Schlossbergbunker

Refugium für die Katastrophe

Der Schlossberg, grüne Naherholungsmeile der Stadt, ist eigentlich ein Bunkerberg. Angefangen hat alles mit einem kleinen Stollen zum Kühlen von Milch und Bier. Dieser wurde im Zweiten Weltkrieg zum Luftschutzraum erweitert. Als der Kalte Krieg in seine heiße Phase ging, ließ der Bund zwischen 1963 und 1968 einen zweieinhalb Kilometer langen Stollen in den Berg treiben, um darin eine der größten Zivilschutzanlagen dieser Art in Deutschland zu errichten.

Auf 7.000 Quadratmetern sollten 5.000 Menschen Schutz vor atomaren, biologischen oder chemischen Angriffen finden. Klappsitze, Klappbetten, Trinkwasser, Stromaggregate, Klimaanlagen, Luftfilter, Küchen, Sanitärräume – an alles wurde gedacht. Nur nicht daran, wer im Ernstfall die 5.000 Auserwählten sein sollten, die in den Bunker hineindürfen. Ob das Konzept funktioniert, wurde offiziell nie getestet. Was nicht heißt, dass der Bunker nicht auf seine Tauglichkeit hin überprüft worden wäre. Die Evaluation fand im Rahmen mehrerer Fasnachtspartys statt. Zumindest vonseiten der Narren sind keine Beanstandungen überliefert.

Die Stadt Freiburg zeigte indes wenig Begeisterung für den Super-Bunker, denn sie sollte für den Unterhalt aufkommen. Von 100.000 Mark pro Jahr war zunächst die Rede. Nach einigem Zuständigkeits-Pingpong zwischen Freiburg und der damaligen Bundeshauptstadt Bonn einigte man sich darauf, die Kosten zu teilen.

Inzwischen ist es ruhig geworden um den Bunker. Partys sind aus sicherheitstechnischen Gründen gestrichen. Doch vielleicht avanciert die Anlage eines Tages zum Katastrophenschutz-Museum. Bis dahin bleibt Neugierigen nur ein Blick durch die schweren Eisengitterstäbe der Eingangstore. Die befinden sich an mehreren Stellen. Zum Beispiel am Schlossbergring neben dem Schwarzwaldverein, neben dem Badenova-Umspannwerk, neben dem Aufgang zum Greiffeneggschlössle und in der Kartäuserstraße hinter dem Spielplatz.

Adresse Schlossbergring, 79098 Freiburg-Altstadt | ÖPNV Straßenbahnlinie 1, Haltestelle Oberlinden, zu Fuß Richtung Schlossberg | Tipp Eine Etage über dem Bunker sitzt das Greiffeneggschlössle wie eine Galionsfigur am Bug des Schlossbergs. 1805 ließ es der damalige österreichische Regierungspräsident als Altersruhesitz im Empirestil erbauen. Von seinen Erben wurde es an einen Bierbrauer verkauft und ist seither Gaststätte.

82 Das Schloss Ebnet

Mainfränkische Inspirationen im Breisgau

Das Schloss Ebnet kann mit Fug und Recht als barockes Gesamtkunstwerk bezeichnet werden. Eine raffinierte Architektur, wertvolle Deckenmalereien und Stuckarbeiten, ein prächtiges Treppenhaus und ein idyllischer Park machen den Reiz des Ensembles aus, das eng mit der Geschichte von Freiburg und dem einflussreichen Breisgauer Adelsgeschlecht von Sickingen verwoben ist.

Nach der Zerstörung seines Stammsitzes, der Burg Wiesneck, 1644 durch französische Truppen baute Franz Friedrich von Sickingen (1673–1695) in Ebnet ein Landhaus als Herrschaftssitz.

1748 ließ der kaiserliche Geheimrat Ferdinand Sebastian von Sickingen das Anwesen von dem Basler Architekten Jacob Fechner zu einem Lustschloss umbauen. Die Mitgift und die Beziehungen seiner Frau Maria Anna Sophie Freiin von Greiffenklau zu Vollrath mögen dazu beigetragen haben, dass namhafte Künstler engagiert werden konnten. Als Inspirationsquelle diente das Mainfränkische Rokoko, für das sich die Bauherrin anlässlich zahlreicher Besuche bei ihrem Bruder Carl Philipp begeistert hatte. Der war als Fürstbischof von Würzburg zuständig für die weltberühmte Residenz. Möglicherweise hatte die Baronin dort sogar Kontakt zu Balthasar Neumann und Giovanni Battista Tiepolo. Insbesondere bei den Deckengemälden in Ebnet drängt sich der Gedanke an einen Einfluss Tiepolos auf. Wie in Würzburg zeigen die Fresken im Treppenhaus des Schlosses das Motiv der vier Erdteile, das sonst in der Region nicht zu finden ist. Ausführender Künstler in Ebnet war Johann Pfrunner, die Fresken im Gartensaal stammen von Benedict Gambs, der auch in der Klosterbibliothek von St. Peter engagiert war. Die eindrucksvollen Steinmetz- und Stuckarbeiten fertigte der Freiburger Künstler Christian Wentzinger. Seit über 200 Jahren sind Schloss und Schlosspark von Ebnet in Besitz der Familie von Gayling-Westphal. Eine wichtige, generationenübergreifende Aufgabe ist, das Kulturerbe zu bewahren.

Adresse Schwarzwaldstraße 278, 79117 Freiburg-Ebnet | ÖPNV Straßenbahnlinie 1, Haltestelle Lassbergstraße, dann mit der Buslinie 18 bis Haltestelle Nepomukbrücke | Öffnungszeiten Besichtigungen im Rahmen von Veranstaltungen und bei Führungen möglich, Infos unter www.schloss-ebnet.de | Tipp Im Schlosspark kann im Rahmen einer Führung Europas größter Schwarznussbaum bewundert werden.

83__Die Schwarzwald Couture

Black forest is calling

An sonnigen Wochenenden ruft der Schwarzwald, und die Freiburger folgen diesem Ruf gerne. In der Hildastraße im Stadtteil Wiehre ruft der Schwarzwald eigentlich immer. Der Lockruf klingt betörend und kommt aus einem kleinen Laden, der gleichzeitig das Atelier von Schwarzwald Couture ist.

Sehr abseits der Shoppingmeilen und Eins-a-Geschäftslagen hat hier eine pfiffige Designerin das Dirndl und die Schwarzwaldtracht neu erfunden. Dabei ging es Kim Schimpfle nicht um Kitsch in neuem Look, sondern um eine originelle und tragbare Synthese aus Tradition, neuen, zum Teil sehr witzigen Ideen, höchster Qualität »Made in Germany« und anspruchsvoller Schneiderkunst. Die Materialien: Samt, Satin, Spitze, Wolle, Perlen, Federn, Schleifen, Rüschen. Das Ergebnis bringt selbst Dirndlmuffel zum Schwärmen.

Für Trachtennovizinnen gibt es Tücher, Broschen, Kissen oder Alltagsmasken mit Hirsch, Engelchen, Bollenhütchen und vielem mehr. Unbedingtes Muss, um mit den Kreationen etwas anfangen zu können, ist eine gewisse Affinität zum Schwarzwald, seiner Landschaft und ihren Stimmungen. Zum Beispiel, wenn schwere Gewitterwolken hinter einem Bergkamm hervorquellen und ein letzter Sonnenstrahl den Wald hellgrün aufleuchten lässt. Situationen wie diese sind die Spezialität des Fotografen Florian Richter. Kim Schimpfle lässt seine Bilder auf hochwertige Stoffe drucken und zaubert daraus ein Dirndl. So entstand eine ganze Kollektion mit Schwarzwaldstimmungen zum Reinschlüpfen.

Natürlich dürfen auch die Klassiker nicht fehlen. Nur werden Kuckucksuhr, Kirschtorte, Hirsch und Bollenhut aus dem Kontext gepflückt und mit feiner Ironie interpretiert. So mutiert die Kuckucksuhr zum Knopf, oder der rote Bommel wandert auf den Haarreif. Die Trachten-Variationen sind nicht für bierselige Mottopartys gedacht, sondern eher für feinere Anlässe. Dazu hat sogar schon einmal eine Hochzeit in Shanghai gehört.

Adresse Hildastraße 62, 79102 Freiburg-Wiehre | ÖPNV Straßenbahnlinie 1, Haltestelle Schwabentorbrücke, zu Fuß weiter in Richtung Hildastraße | Öffnungszeiten Di–Fr 11–13 und 14–18.30 Uhr, Sa 11–14 Uhr | Tipp Der alte Wiehrebahnhof am Ende der Hildastraße ist eine der Keimzellen alternativer Kultur in Freiburg. Sein Herzstück ist das Koki, das kommunale Kino, ein Programmkino und Spielort des Freiburger Film-Forums.

84 Der Schwarzwälder Hof

Teekränzchen für die Damen

Eine kleine Gedenktafel rühmt den einstigen Bewohner des Hauses. Dass dieser für viele Freiburger zu Lebzeiten eher ein Skandal war, steht nicht darauf. In einer Drei-Zimmer-Wohnung im Obergeschoss des heutigen Hotels Schwarzwälder Hof residierte Johann Georg Jacobi, Herausgeber der Frauenzeitschrift »Iris«, Professor der schönen Künste und Wissenschaften und erster protestantischer Rektor der katholischen Albert-Ludwigs-Universität. Kaiser Joseph II. höchstpersönlich holte den »protestantischen Fremdling« 1784 nach Freiburg, das damals noch zu Vorderösterreich gehörte.

Jacobis Domizil lag nur einen Steinwurf von dem des Bischofs entfernt, in unmittelbarer Nachbarschaft zum bischöflichen Ordinariat, zum Münster und zu den Priesterwohnungen. Allein die Tatsache, dass er sich inmitten dieses katholischen Epizentrums niederließ, sorgte anfangs für Erschütterungen. Auch an sein außerakademisches Engagement für die Damenwelt mussten sich die Freiburger erst gewöhnen. Legendär waren die Mittwochs-Teekränzchen, zu denen Jacobi die gebildeten Damen und höheren Töchter der Stadt einlud, um sie mit der aufklärerisch-empfindsamen Dichtkunst zu inspirieren. Doch nicht nur in den Herzen der Damen eroberte er sich einen Platz, sondern auch in der Literaturgeschichte, in die er als einer der ersten Goethe-Anhänger und als Förderer des Mundartdichters und Schriftstellers Johann Peter Hebel einging. Der vielseitige Uni-Rektor verfasste selbst Sing- und Schauspiele und Gedichte über den Schwarzwald. Er scharte einen literarischen Zirkel um sich, dem auch Christoph Schlosser angehörte, Goethes Schwager aus Emmendingen.

Seinen Ruf als Freigeist bekräftigte Jacobi, als er seine 25 Jahre jüngere Haushälterin, eine Bauerntochter aus dem Schwarzwald, heiratete, um sie frei nach Rousseau nach seinen Vorstellungen zu erziehen. Nun ja. Wer von den Jacobi-Gemächern auf die Gasse schauen will, sollte bei der Hotelreservierung auf die Zimmernummer 113 bestehen.

Adresse Herrenstraße 43, 79098 Freiburg-Altstadt | **ÖPNV** Straßenbahnlinie 1 Richtung Littenweiler, Haltestelle Oberlinden | **Tipp** Neben dem Eingang zum Hotel Schwarzwälder Hof in der Münzgasse ist ein prächtiges altes Siegel in die Hauswand eingelassen. Es handelt sich um den Schlussstein zum Portal der ehemaligen Münzstätte, an die der Name Münzgasse erinnert. Bis 1738 wurden hier Münzen geprägt, unter anderem der Freiburger Rappen.

85__Die Schwiegermutterbrücke

Wo die Drachen wachen

Das Image der Schwiegermutter ist im Volksmund allenfalls durch das der Stiefmutter zu toppen. Märchen und Witze untermauern das: Treffen sich zwei Freunde. Sagt der eine: »Hast du morgen schon was vor?« – »Ja, ich fahre ins Grüne und lasse mit meinem Sohn einen Drachen steigen. Und du?« – »Etwas Ähnliches. Ich mache mit meiner Schwiegermutter eine Bergtour.« In diese Richtung phantasierten wohl auch die Freiburger, als sie 1903 eine neue Brücke über die Dreisam bekamen, die zu Ehren des Großherzogs von Baden den Namen Friedrichsbrücke erhielt. Das schmiedeeiserne Jugendstil-Geländer war üppig mit floralen Motiven gestaltet. Die Mitte zierten das großherzogliche Wappen und das Stadtwappen. Am Anfang und Ende der Brücke thronten mächtige Drachen, was ihr alsbald den Namen Schwiegermutterbrücke einbrachte.

Der Brückenbau hatte seinerzeit einen sehr ernsten Hintergrund. Die Dreisam, das Wässerchen, das normalerweise ungetrübt und harmlos durch Freiburg plätschert, kann bei Starkregen und Schneeschmelze zu einem reißenden Fluss anschwellen, der immer wieder Menschenleben fordert. Als besondere Katastrophe ging das Hochwasser 1896 in die Annalen der Stadtgeschichte ein. Die Wassermassen hatten die Brücke über der Fabrikstraße weggerissen. Das 18 Meter lange Monstrum brachte zusammen mit anderem Treibgut die gesamte Schwabentorbrücke zum Einsturz. Zwei Menschen kamen dabei ums Leben. Konsequenz war, dass neue, sicherere Übergänge gebaut wurden. Dazu gehörten unter anderem der Luisensteg, der Mariensteg und die Friedrichsbrücke – alle drei in schönstem Jugendstil. Luisen- und Mariensteg verbinden noch heute die Altstadt mit der Wiehre. Die Friedrichsbrücke wurde beim Bau der Kronenbrücke abgerissen. Das Geländer mit den zähnefletschenden Schwiegermutter-Insignien wurde restauriert und auf die Schnewlinbrücke montiert.

Adresse Schnewlinstraße, 79098 Freiburg-Altstadt | **ÖPNV** Straßenbahnlinien 1, 3, 5, Haltestelle Hauptbahnhof, von hier aus zu Fuß Richtung Heinrich-von-Stephan-Straße | **Tipp** Das Café Extrablatt in der Schreiberstraße 1 ist das einzige Café am Dreisamufer.

86__Das Sonnenobservatorium

Ausflug ins All

Drei Dinge zeichnen den 1.284 Meter hohen Schauinsland aus: klare Luft, viele Sonnenstunden und die Nähe zu Freiburg. Dies nutzen nicht nur sonnenhungrige Städter, sondern auch Sonnenforscher – und das bereits seit über 70 Jahren. Nicht weit vom Gipfel entfernt verbirgt sich in einem kleinen Wäldchen eines der ältesten Sonnenobservatorien Deutschlands. Drei Türme, die in ihrer schwarzwaldtypischen Schindelverkleidung ziemlich nostalgisch daherkommen, bilden das Kernstück der Anlage. Sie gehört zum Kiepenheuer-Institut für Sonnenphysik, das Grundlagenforschung in Astronomie und Astrophysik betreibt – heute allerdings vorzugsweise in einer hochmodernen Anlage auf Teneriffa.

Regelmäßig lassen sich die Mitarbeiter des Instituts über die Schulter schauen und gewähren einen Einblick in die Geheimnisse der Sonnenforschung. Dann wird im Turm die große Kuppel geöffnet, das Sonnenlicht mit einem drehbaren Spiegelsystem eingefangen und ins Labor im Keller geleitet. Spätestens jetzt tut sich für den staunenden Besucher ein ganz neues Universum auf.

Die Anfänge der Sonnenforschung auf dem Freiburger Hausberg liegen in einem dunklen Kapitel der deutschen Geschichte. Gegründet wurde das Observatorium als Fraunhofer-Institut im Kriegsjahr 1943 von Karl Otto Kiepenheuer. Ziel war es, Daten über den Einfluss der Sonnenaktivität auf die Funkwellen zu gewinnen, um Störungen im Funkverkehr vorhersagen zu können. 1978 wurde das Institut nach seinem inzwischen verstorbenen Gründer umbenannt und gehört heute zur Leibniz-Gemeinschaft.

Da ein so erhabener Gipfel wie der Schauinsland ein begehrter Mess- und Beobachtungsposten ist, sind auf dem Gelände des Kiepenheuer-Instituts auch die »Sternfreunde Breisgau« aktiv. Und gleich um die Ecke misst das Umweltbundesamt Feinstaub und konnte nach der Atomkatastrophe von Fukushima die ersten radioaktiven Partikel hierzulande identifizieren.

Adresse Schauinsland, 79100 Freiburg | ÖPNV Mit der Straßenbahnlinie 2 nach Günterstal bis zur Endstation, dann mit dem Bus zur Talstation und mit der Schauinslandbahn zum Gipfel. Dem Wegweiser Rappeneck folgen. Zum Sonnenobservatorium sind es circa 20 Gehminuten. | Öffnungszeiten nur zu Führungen geöffnet, Termine unter www.kis.uni-freiburg.de | Tipp Ebenfalls hoch hinaus geht es auf dem Schauinslandturm in der Nähe der Bergstation. Wer die 85 Stufen zurücklegt, wird nicht nur mit einer frischen Brise belohnt, sondern bei guter Sicht auch mit einem Blick bis zu den Schweizer Alpen.

87 Die Spechtpassage

Der Geist von Bundschuh und Jos Fritz

Nirgends in Freiburg ist der Geist der bewegten 1970er und 80er Jahre, als der Häuserkampf tobte und der Bauplatz für das Kernkraftwerk Wyhl besetzt wurde, so deutlich zu spüren wie in der Spechtpassage. Dieses etwas versteckte Separee zwischen Wilhelm- und Schnewlinstraße hat eine Tradition als Treffpunkt der Alternativszene. Bis Mitte der 1980er befand sich hier noch ein kleiner Gewerbehof mit Handwerksbetrieben, darunter die Schreinerei Specht. Gegen den von der Stadt geplanten Abriss formierten sich Proteste, und den Aktivisten gelang ein ganz besonderer Coup. Über eine Strohfrau traten sie mit der Stadt, die das Vorkaufsrecht hatte, in Verhandlung und erwarben kurzerhand das gesamte Areal. Aus Hausbesetzern wurden Hausbesitzer, und das Gelände war für neue Projekte gerettet.

Herzstück der Spechtpassage ist neben der Jos Fritz Buchhandlung das josfritzcafé. Einst Informationszentrale der Aktivisten, heute Treffpunkt für den Espresso zwischendurch im grün umwucherten Innenhof. Abwechslungsreicher als die etwas spartanische Speisekarte ist das Veranstaltungsprogramm mit Lesungen oder Jazz-Livemusik. Wer es richtig laut mag, schaut am besten im Crash vorbei. Der Club gehört ebenfalls zur Spechtpassage, sein Eingang befindet sich an der Schnewlinstraße. Gegenüber dem Café findet auf 55 Quadratmetern Harry's Depot Platz, Freiburgs kleinstes Theater.

Zum legendären Spirit des Ensembles passt der Namenspatron von Buchhandlung und Café. Jos Fritz aus Lehen, einst Dorf, heute ein Stadtteil von Freiburg, gehörte um 1500 zu den gefürchteten Anführern des Bundschuh-Bauernaufstandes. Durch seine Aktionen verunsicherte er die Obrigkeiten in Baden so nachhaltig, dass er ganz oben auf der Fahndungsliste stand. Er wurde nie gefasst, seine Spur verlor sich ab 1513. Manchmal hat man jedoch den Eindruck, dass sein Geist über der Spechtpassage schwebt.

Adresse Wilhelmstraße 15, 79098 Freiburg-Altstadt | ÖPNV Straßenbahnlinien 2, 3, 5, Haltestelle Hauptbahnhof, dann in Richtung Konzerthaus und Wilhelmstraße | Öffnungszeiten josfritzcafé unter www.dasjos.de | Tipp Das Kontrastprogramm zur Spechtpassage kann man einige Meter weiter in der Agora-Vinothek erleben, einem Geschäft für erlesene Weine und Spirituosen.

88 St. Albert

Ein zackiges Experiment

Der weltweite Siegeszug von Beton war ab den 1950er Jahren nicht mehr aufzuhalten. In Deutschland kam der Baustoff nach dem Krieg zum Wiederaufbau gerade recht. Auch Freiburg betonierte. Während Mitte der 1960er Jahre die Studenten protestierend in die Hörsäle einzogen, wurden in der Peripherie komplett neue Stadtteile hochgezogen. Einer davon ist Bischofslinde. Inmitten der neuen Wohnblocks entstand 1968 die Kirche St. Albert, die seinerzeit wegen ihrer kühnen Architektur viel Aufsehen erregt hat. Heute ist sie außerhalb des Stadtteils fast vergessen. Zu Unrecht, denn sie zeugt von einem mutigen Experiment und steht inzwischen als besonders herausragendes Beispiel für eine architekturgeschichtliche Zeitenwende unter Denkmalschutz.

Der Architekt Erwin Heine nahm nicht nur den Auftrag der damals neu gegründeten Kirchengemeinde ernst, sondern auch die Herausforderungen und Möglichkeiten des modernen, betonbasierten Bauens. Inspirieren ließ er sich dabei von dem Trend, Wohnhäuser, Bürobauten und Fabrikhallen aus serienmäßig produzierten Betonfertigteilen zusammenzusetzen. Für Sakralbauten war das damals ein sehr moderner Ansatz. Die Grundkonstruktion von St. Albert besteht aus 16 Elementen mit je zwei aneinandergegossenen Dreiecken aus Sichtbeton, die mit der spitzen Seite auf dem Boden stehen und dort verankert sind. In einer spektakulären Aktion wurden die v-förmigen, über 16 Meter hohen und jeweils 27 Tonnen schweren Einzelteile von einer Spezialfirma geliefert, vor Ort im Kreis aufgestellt und verbunden. Wegen ihres sternförmigen Grundrisses hat die Kirche die Form einer überdimensionalen Krone.

Die zackige Wirkung wird noch durch die hohen, spitzwinkligen Dreiecksfenster aus blauem Betonglas verstärkt. Bei Nacht und von innen beleuchtet, mutet die Kirche ziemlich spacig an. Im Volksmund wird sie dennoch ganz profan »Zitronenpresse« genannt.

Adresse Sundgauallee 9, 79114 Freiburg-Betzenhausen | **ÖPNV** Straßenbahnlinie 1, Haltestelle Am Bischofskreuz | **Öffnungszeiten** Mo, Mi, Fr 9.30–12 Uhr, Di, Do 16–18 Uhr | **Tipp** Direkt vor der Kirche erinnert ein verwittertes Sandsteinkreuz an eine abenteuerliche Legende. 1299 wurde die Stadt von den Grafen von Freiburg und dem Bischof von Straßburg belagert. Es kam zu einem Gefecht, bei dem ein Metzger den Bischof tödlich verletzte. Der darauffolgende Waffenstillstand rettete die Stadt. Noch heute darf deshalb die Metzgerinnung die Fronleichnamsprozession anführen.

89 Die St.-Anna-Kapelle

Der Bürgermeister, der Abt und die Auftragskiller

Es kommt nicht alle Tage vor, dass eine abgerissene Kapelle rund 200 Jahre später wieder aufgebaut wird. In Ebnet ist genau das geschehen. An dem Ort, an dem bereits die alte St.-Anna-Kapelle stand, wurde 2010 die neue eingeweiht. Ermöglicht hatten dies ein Förderverein und zahlreiche Spender. Der kleine Bau direkt an der Landstraße nach Stegen fällt wegen der drei hölzernen Segel, die eine Art Turmspitze bilden, sofort ins Auge. Blickfang im Innenraum ist eine Skulptur des Holzbildhauers Thomas Rees. Sie zeigt Jesus, Maria und deren Mutter Anna und erinnert zugleich an ein Drama, das zurückreicht in die Zeit, als Ritter, Vögte und Äbte im Breisgau noch das Sagen hatten.

Der Ort, an dem 2010 die neue Kapelle errichtet wurde, war 1355 Schauplatz eines grausamen Mordes. Opfer war der Abt des Klosters St. Märgen, Konrad III. Er wurde von Auftragskillern überfallen und kaltblütig erschlagen. Engagiert hatte sie kein Geringerer als Johann von Snewlin von Landeck, der Bürgermeister von Freiburg. Hintergrund war der Streit um Geld und Macht innerhalb eines Geflechts aus politisch motivierten Rivalitäten. Protagonisten dieser viele Jahre andauernden Streitigkeiten waren das Augustinerkloster St. Märgen, das benachbarte Benediktinerkloster St. Peter, die jeweiligen Vögte und in der Ferne Kaiser und Papst. Das Kloster St. Märgen hatte in dem Gezerre und Gezänk die schlechteren Karten. Folge war, dass die Äbte dort einen gefährlichen Job ausübten. Drei starben eines unnatürlichen Todes. Darunter auch Konrad III.

Anna von Snewlin-Landeck, eine Nachfahrin des Bürgermeisters, der die Mörder beauftragt hatte, empfand offenbar Reue. Sie war mit Friedrich von Sickingen verheiratet und lebte im Schloss von Ebnet quasi in Blickweite zum Ort des Verbrechens. Um 1570 ließ sie eine Sühnekapelle errichten. Der heutige Schlossherr engagiert sich für den Unterhalt der neuen Kapelle.

Adresse bei der St.-Anna-Kapelle, 79117 Freiburg-Ebnet | ÖPNV Straßenbahnlinie 1 bis Laßbergstraße, dann mit dem Bus nach Ebnet bis Haltestelle Nepomukbrücke und zu Fuß bis zum Ortsausgang und zur St.-Anna-Kapelle | Öffnungszeiten immer zugänglich | Tipp Ein kleines Relief an der Seite der Marienfigur zeigt die Mordszene. Gegenüber der Kapelle steht unter Linden ein steinernes Kreuz, um das sich schaurige Legenden und Spukgeschichten ranken. Es wurde 1850 von einer frommen Bauernfamilie errichtet.

90 St. Barbara

Tapas und Waldeinsamkeit

»Der Weg ist das Ziel«, das mag oft zutreffen, aber eben nicht immer. Manchmal muss man den Weg einfach hinter sich bringen, um zügig am Ziel anzukommen. Zum Beispiel an der Waldgaststätte St. Barbara auf dem Eichberg in Littenweiler. Der etwas den Atem raubende Anstieg wird mit einem atemberaubenden Ausblick auf das Dreisamtal belohnt und mit einer Speisekarte, die neugierig macht. Die ehemalige Einsiedelei in der Waldeinsamkeit ist eine Pilgerstätte für Genießer, die kleine, regionale Gerichte schätzen. Schwarzwälder Tapas hausgemacht.

Der traditionsreiche Ort bildet eine Ausnahmeerscheinung im Reigen der Ausflugslokale rund um die Stadt und fällt eher unter die Kategorie Kleinod. Keine Schwemme, eher eine Tapas-Einsiedelei. Besonders angenehm kann man auf der Terrasse von St. Barbara einen lauen Sommerabend dahinziehen lassen. Den Blick in die Landschaft, eine Auswahl an köstlichen Häppchen auf dem Tisch, dazu Wein vom Weingut des Besitzers. In Sichtweite die Kinder, die sich auf dem improvisierten Spielplatz amüsieren, daneben Stammgäste bei einer Runde Boule.

1446 wurde die Einsiedelei erstmals urkundlich erwähnt. Gewidmet war sie der heiligen Barbara, der Schutzpatronin der Bergleute. Der Bezug zum Silber- und Erzbergbau gleich um die Ecke im Kappler Tal und am Schauinsland liegt nahe. 1476 erlaubte der Abt des Klosters von St. Märgen den Bau einer Kapelle. Dank einer Reliquie setzte im 18. Jahrhundert eine rege Wallfahrtstätigkeit ein. Anfang des 20. Jahrhunderts wandelte sich die Einsiedelei zur Waldgaststätte. 1976 fiel sie für fast 30 Jahre in einen Dornröschenschlaf, aus dem sie, inzwischen arg verfallen, 2004 von ihrem neuen Besitzer wach geküsst wurde. Nach umfassender Renovierung bilden alte und neue Bausubstanz ein schönes Miteinander. Schnörkelloses Interieur, viel Holz aus heimischem Wald und eine entspannte Atmosphäre prägen die Einkehr.

Adresse Sonnenbergstraße 40, 79117 Freiburg | ÖPNV Straßenbahnlinie 1 bis zur Endhaltestelle, dann zu Fuß über die Lindenmattenstraße und Sonnenbergstraße nach St. Barbara, Dauer circa 35 Minuten | Anfahrt über die Lindenmattenstraße zur Sonnenbergstraße, vom Waldparkplatz zu Fuß weiter nach St. Barbara, Dauer circa 10 Minuten | Öffnungszeiten April–Okt. Di–Sa 15–22 Uhr, So und Feiertage 12–22 Uhr, Nov.–März Do–So 15–22 Uhr, www.bauerntafel-freiburg.de, Reservierung empfehlenswert unter Tel. 0761/6967020 | Tipp Die ehemalige Kapelle der Einsiedelei wurde um 1820 abgerissen und im Dorfkern von Littenweiler wieder aufgebaut. Heute gehört sie zur Pfarrkirche von Littenweiler und wird als Bürgersaal genutzt.

91_Stefans Käsekuchenstand

Mysterium aus Quark und Sahne

Bequemes Schuhwerk und strapazierfähige Kleidung, die notfalls ein paar Senf- oder Fettflecken verträgt, können an Markttagen nicht schaden. Chihuahuas sollten aus Tierschutzgründen in der Tragetasche transportiert werden, denn das Gedränge ist groß. Die Sicht auf Stefans Käsekuchenstand versperrt meist eine lange Schlange. Wer zur Theke vordringen will, braucht Stehvermögen und Geduld. Beides lohnt sich. Der Stand ist ein Highlight auf dem Münstermarkt, denn hier findet man den besten Käsekuchen weit und breit. Es gibt ihn mit Mohn, mit Rosinen, mit Kirschen, mit Orangen oder klassisch. Und meist ist er im Handumdrehen ausverkauft. Pech für Langschläfer.

Angefangen hat alles auf der Rappenecker Hütte, einer einsamen Berghütte auf der Ostseite des Schauinsland. Stefan Linder war 24 Jahre alt, Wirt und versorgte die hungrigen Wanderer mit deftigem Vesper und Kuchen. Die ersten Käsekuchen des jungen Mannes waren ein Fiasko. Irgendwann bekam er ein Rezept der Landfrauen in die Hände. Und da nichts über die Expertise von Landfrauen in Sachen Kuchen- und Tortenbäckerei geht, probierte er es aus. Er war regelrecht besessen von der Idee des idealen Käsekuchens. Er experimentierte, ergänzte und kreierte schließlich seine eigenen Variationen: goldgelb, cremig und zugleich locker und hoch. Die Gäste waren begeistert. Und irgendwann erreichte die Kunde vom genialen Käsekuchen das Tal. Das hatte zur Folge, dass immer mehr Käsekuchen-Pilger den steilen Anstieg zur Rappenecker Hütte auf sich nahmen, gleichsam vorab Kalorien verbrannten, um am Ziel das Kuchenglück unbeschwert genießen zu können. Dann kam der nächste Schritt, eher ein vorsichtiger Testlauf: Stefan Linder bot seine Backwaren an einem kleinen Stand auf dem Münsterplatz an. Sie wurden ihm förmlich von der Theke gerissen. Von da an war der Siegeszug des Käsekuchens nicht mehr aufzuhalten.

Adresse Münsterplatz, 79098 Freiburg-Altstadt | **ÖPNV** Straßenbahnlinien 1, 2, 3, 5, Haltestelle Bertoldsbrunnen, oder zu Fuß vom Bertoldsbrunnen Richtung Kaufhof, dann rechts in die Schusterstraße und nach wenigen Metern links in die Eisenstraße | **Öffnungszeiten** Di–Sa 8–13 Uhr | **Tipp** Riesige Laibe Holzofenbrot (auch in kleinen Portionen) und andere hausgemachte Spezialitäten der Kategorie »deftig« gibt es am Stand von Christian Wisser aus dem Glottertal.

92 Das St.-Lioba-Kloster

Wie die Villa Wohlgemuth zum Kloster wurde

Der Anblick überrascht und bezaubert gleichermaßen. Eine toskanische Villa mitten im Schwarzwald! Elegant zeichnet sich die ockergelbe Fassade des Klosters St. Lioba in Günterstal vor den steil ansteigenden Ausläufern des Schauinsland ab. Die turmartigen, ineinander übergehenden Gebäudeteile mit ihren Pyramidendächern erinnern an eines dieser typischen Landhäuser, halb Villa, halb Gutshof, welche die Landschaft der Toskana prägen.

Der Eindruck ist kein Zufall. Ganz bewusst wagte der Bauherr August Wohlgemuth das Experiment, seinen repräsentativen Wohnsitz im Schwarzwald als toskanische Villa zu errichten. Der Architekt Fritz Seitz unternahm hierzu ausgedehnte Studienreisen. Dennoch kopierte er nicht einfach ein italienisches Vorbild. Er ließ sich von der toskanischen Renaissance inspirieren und versuchte, zugleich die klimatischen Bedingungen im Schwarzwald mit schneereichen Wintermonaten und Regenperioden im Frühjahr zu berücksichtigen. So entschied er sich zum Beispiel für ein überdachtes Atrium anstelle eines offenen Innenhofs. Die luxuriöse Ausstattung der Villa ist zum Teil noch heute zu bestaunen. Besonders wertvoll sind die Fresken von Wilhelm Wohlgemuth, dem Bruder des Bauherrn, sowie die opulent gestalteten Decken und Kachelöfen.

Nach sechsjähriger Bauzeit bezog die Familie Wohlgemuth 1913 ihre Villa. Doch so richtig erfreuen konnte sie sich an dem neuen Wohnsitz nicht. Die Inflation der 1920er Jahre ließ das Vermögen von August Wohlgemuth und seiner Frau rasant dahinschmelzen. 1927 mussten sie ihre Villa verkaufen. Neuer Besitzer ist seither der Verein »Schwestern von der heiligen Lioba e. V.« des Ordens der Benediktinerinnen. Ein Glücksfall für die Nachwelt, denn unter der Regie der Nonnen wurde das Gebäude weitgehend originalgetreu erhalten. Das Kloster, das einst eine herrschaftliche Villa war, kann zu besonderen Anlässen besichtigt werden. Der Park und der prachtvolle Kräutergarten laden zu Ruhe und Besinnung ein.

Adresse Riedbergstraße 1, 79100 Freiburg-Günterstal | ÖPNV Straßenbahnlinie 2, Haltestelle Wiesenweg, dann zu Fuß zur Riedbergstraße | Öffnungszeiten Besichtigung des Klosters auf Anfrage möglich, Kontakt unter www.kloster-st-lioba.de; Kräutergarten täglich 9–12 und 14.30–20 Uhr | Tipp Spezialitäten aus verschiedenen Klöstern verkaufen die Nonnen im Klosterladen. Er liegt idyllisch am Rand des Kräutergartens (Di–Sa 10–12 und 14.30–17 Uhr).

93 Die St.-Ottilien-Quelle

Erlösung im Wald

Wie Krampfadern durchziehen Wander- und Mountainbikewege den Wald zwischen Schlossberg und Roßkopf. Das Gasthaus St. Ottilien ist deshalb willkommene Pilgerstätte für Menschen mit brennenden Muskeln und müden Beinen, die in isotonischen und kalorienhaltigen Kraftstoffen Erlösung suchen.

Um eine ganz andere Art von Erlösung geht es in der kleinen Kirche neben dem Ausflugslokal. Sie ist der heiligen Ottilie gewidmet, der Schutzpatronin der Sehbehinderten, über die es zahlreiche Legenden gibt. Die Freiburger Version geht so: Ottilie, um 660 blind geboren, wurde von ihrem Vater, dem elsässischen Herzog Etticho, verstoßen. Als sie nach ihrer Taufe plötzlich sehen konnte, avancierte sie zum Objekt der väterlichen Heiratspolitik. Doch Ottilie, die als Nonne leben wollte, floh vor Vater und Freiern über den Rhein. Im Wald bei Freiburg kam es statt zum Showdown zu einem Wunder: Ein Fels tat sich auf und verbarg Ottilie vor ihren Häschern, der Vater hatte ein Einsehen, Ottilie durfte ein Kloster gründen. Die Quelle, die am Ort ihrer Rettung aus dem Fels sprudelte, wurde zwischen dem 7. und 13. Jahrhundert zur Wallfahrtsstätte. Die erste Wallfahrtskapelle stammt aus dem Jahr 1508. Sie entwickelte sich zu einem wahren Magnet und wurde 1714 erweitert. In den zahlreichen Kriegen, die die Region im Laufe der Jahre erschütterten, wurde sie geplündert, verwüstet, zerstört und wieder aufgebaut.

Wer heute die kleine Kirche betritt, sieht sich einem Szenario gegenüber, das von Salvador Dalí stammen könnte. Direkt gegenüber der Eingangstür steht eine fast lebensgroße geschnitzte Ottilienfigur. Sie hält eine Bibel in der Hand, auf der zwei überdimensionierte braune Augen liegen, die den Betrachter müde anblicken. Direkt neben der Figur geht es über eine steile Steintreppe hinab zur alten Kapelle mit der in eine Felsgrotte integrierten Quelle. Ab und an kommen Besucher, um mit dem Quellwasser die Augen zu benetzen.

Adresse Kartäuserstraße 135, 79104 Freiburg-Waldsee | Anfahrt Pkw oder Fahrrad: Die Kartäuserstraße entlangfahren bis zum Wegweiser »St. Ottilien«. Ab hier geht es steil bergauf. Die Waldstraße führt direkt zur Pilgergaststätte. | Öffnungszeiten Die Kapelle ist täglich geöffnet. | Tipp Über den Freiburger Schlossberg ist St. Ottilien auch sehr gut zu Fuß zu erreichen. Start ist am Schwabentor. Die circa vier Kilometer lange Strecke führt auf nahezu ebenen Wegen über den Kanonenplatz zu dem beliebten Waldgasthaus und ist gut ausgeschildert.

94 Der Synagogenbrunnen

Vom Ringen um würdiges Erinnern

Man wollte alles haben: einen großzügigen Platz, der zeigen sollte, wie urban Freiburg jenseits von Bächle und Gässle sein kann. Zugleich sollte der Ort, an dem einst die Synagoge stand, an die jüdischen Bürgerinnen und Bürger der Stadt erinnern, die dem Naziregime zum Opfer gefallen waren. In diesem Sinne erhielt der Platz der Alten Synagoge 2016 ein völlig neues Gesicht. Die Grünfläche vor dem Kollegiengebäude II der Universität, bis dato Treffpunkt für Freunde hochprozentiger Getränke, sowie ein Parkplatz und die Vorflächen des Stadttheaters wurden zusammengefasst. So entstand der zweitgrößte Platz Freiburgs.

Seine Gestaltungselemente sind Naturstein, Bäume, Holzpodeste zum Sitzen und Wasser. Auf der einen Seite ein offenes Areal für Veranstaltungen, auf dem Wasserfontänen zu Spiel und Spaß einladen. Auf der anderen Seite ein Wasserbassin, das den Grundriss der Synagoge nachbildet, die in der Nacht vom 9. auf den 10. November 1938 von der Freiburger SS und SA zerstört wurde. Demütigung, Verfolgung, Verhaftung, Deportation, Ermordung, das sind die Assoziationen zu diesem Ort. Am Rand des Brunnenbeckens zeigt ein gelber Wegweiser symbolisch in Richtung Gurs. In das Konzentrationslager in Südfrankreich wurden jüdische Freiburgerinnen und Freiburger deportiert.

Kann das gut gehen, würdiges Gedenken an Terror und Grauen und gleich daneben Wasserplanschen und Party? Dass es problematisch werden kann, zeigte sich bereits bei der Eröffnung des neuen Platzes. Der 2. August 2017 war ein heißer Sommertag, und im Nu suchten Jung und Alt Abkühlung im Synagogenbrunnen. Das Entsetzen war groß. Doch das war nur der Anfang.

Um dem unwürdigen Treiben ein Ende zu machen, setzt die Stadt seither auf Aufklärung. Infotafeln, eine digitale Stele, ein Modell der Synagoge und ein Zonierungsband am Brunnenrand sollen den Platzbesuchern vermitteln, dass der Synagogenbrunnen kein Spaßbad ist.

Adresse Platz der Alten Synagoge 1, 79098 Freiburg | ÖPNV mit der Straßenbahnlinie 1, 3, 4, 5 bis Haltestelle Stadttheater | Tipp Die neue Synagoge wurde 1985 in der Altstadt in der Nähe des Münsterplatzes an der Ecke Nußmann-/Engelstraße errichtet. Hier fanden auch die mit Schnitzereien verzierten Türflügel einen Platz, die aus der zerstörten alten Synagoge gerettet werden konnten.

95 Tango à la gare

Wo die Milonga staubt

Es ist eine Szene wie aus einem Film von Kaurismäki: ein kleiner, staubiger Platz an einem Sommerabend, am Rand ein Gettoblaster und eine Lautsprecherbox, aus der Tangomusik schmachtet. Auf ein paar Gartenstühlen haben Zuschauer Platz genommen, um den Abend zu genießen und den Tänzern zuzuschauen. Keine perfekte Performance, kein Tanzwettbewerb. Jeder tanzt so gut und so innig, wie er kann. Ideale Bedingungen für Anfänger, um sich unverbindlich unter die Paare zu mischen. Der Tangoabend hat etwas Spontanes und Improvisiertes. Eigentlich ist der Platz neben dem Alten Wiehrebahnhof ein Marktplatz. Zweimal in der Woche findet hier ein Bauernmarkt statt, auf dem eher Deftiges feilgeboten wird.

Die Tango-Flamme entzündeten Astor Piazzolla und Juan José Mosalini 1982 bei einem Kulturfestival in Berlin. In den folgenden Jahren verbreitete sich das Tangofieber in ganz Deutschland. 1992 erreichte es Freiburg. Mit einem Tangolehrer aus Köln, einem ersten Kurs und einer Handvoll Wagemutiger fing es an. Ein harter Kern bildete sich, und nach mehreren Kernteilungen entstanden so vielversprechende Blüten wie »Tango und Feldenkrais«, »Tango im Altenheim«, »Tango und Kabarett« oder »Tango für Führungskräfte«.

Eine ganze Reihe von Tanzschulen sorgte von Freiburg aus für die tangotechnische Kolonialisierung des Umlandes, bis auch im letzten Winkel des Schwarzwaldes Kurse angeboten wurden. In der Stadt erwies sich die Szene als enorm spontan und kreativ. Immer neue Orte wurden betanzt. Legendär waren die Tangonächte auf der Blauen Brücke beim Hauptbahnhof mit den »Tangueros del Puente Azul«. Als die Brücke nach einer Sanierung wieder für den Verkehr geöffnet wurde, zog die Tangofamilie weiter, und irgendwann entdeckte ein Familienmitglied den Marktplatz am Alten Wiehrebahnhof. Man trifft sich Dienstagabend, aber »nur bei lauschigem Wetter«. Die Szeneinfos laufen via Facebook.

Adresse Urachstraße 40, 79102 Freiburg-Wiehre | ÖPNV Straßenbahnlinie 2 Richtung Günterstal, Haltestelle Lorettostraße, von da zu Fuß in die Urachstraße | Tipp Völlig wetterunabhängig funktioniert der Tango beim Club »Corazón«, einem Verein, der sich zum Ziel gesetzt hat, das Weltkulturerbe Tango zu pflegen und bekannt zu machen, und der einen eigenen Raum hat, den »Salón de Tango« hat (www.tangoclub-corazon.de).

96 Die Täschnerei Eckert

Ein Riemen reißt immer

Es gibt Adressen, die findet man nur zufällig. Wenn man sich in der Haustür irrt zum Beispiel oder eigentlich etwas ganz anderes sucht oder sich einfach treiben lässt. Um die Sattlerei und Täschnerei Eckert zu finden, ist es hilfreich, wenn man einen Tipp bekommt.

Eine Banderole am Werkstattfenster weist den Weg. Durch einen Hausdurchgang schlängelt man sich zwischen Fahrrädern in einen Hinterhof, in dem die Zeit stehen geblieben ist. Die Green City ist plötzlich ganz weit weg. Tauben balzen zwischen Mülltonnen, auf alten Holzbalkonen trocknet Wäsche. Links geht es in die Sattlerei und Täschnerei Eckert. Seit über 60 Jahren arbeitet der Ein-Mann-Betrieb hier, inzwischen in der zweiten Generation.

Das wahrlich versteckt gelegene Geschäft zwischen Schwabentor und Schwabentorbrücke ist aus zweierlei Gründen interessant. Zum einen passiert es ja immer wieder, dass bei einer lieb gewonnenen Tasche der Bügel schlappmacht, bei der Lederjacke der Druckknopf versagt oder die Motorradhose nach einem langen Winter auf mysteriöse Weise zu eng geworden ist. Völlig falsch ist hier allerdings, wer einen neuen Sattel für sein Pferd braucht. Da führt der Firmenname etwas in die Irre, denn so etwas gibt es hier nicht. Dafür Handtaschen, Aktentaschen, Einkaufstaschen, Rucksäcke, Gürtel. Eckert ist aber auch Spezialist für besondere Anfertigungen wie Arztkoffer, Geigenkoffer, Offizierskoffer, Pinselkoffer oder Hebammentaschen.

Schon beim Öffnen der Ladentür duftet es nach Leder. In den Regalen lagern Häute in den verschiedensten Farben und Qualitäten, aus einem Miniradio tönt klassische Musik, und Meister Eckert berät hingebungsvoll eine ältere Dame, welcher Riemen am besten zu ihrer Gobelintasche passt. Hinter einem Regal versteckt sich die Werkstatt mit wahren Schätzen an museumsverdächtigen Ledernähmaschinen. Die Kundschaft ist gemischt, Jung und Alt geben sich die Klinke in die Hand. Denn irgendein Riemen reißt immer.

Adresse Granatgässle 7, 79102 Freiburg-Oberau | ÖPNV Straßenbahnlinie 1 Richtung Littenweiler, Haltestelle Schwabentorbrücke | Öffnungszeiten Mo, Sa 8.30 – 12 Uhr, Di – Fr 8.30 – 14.30 Uhr | Tipp Wir bleiben beim Leder und gehen über die Schwabentorbrücke Richtung Talstraße. Im Hinterhof der Talstraße 9 werden in der Sandalenwerkstatt nicht nur Maßsandalen angefertigt, sondern auch anderes edles Schuhwerk.

97 Das Theater der Immoralisten

Von Hamlet bis Hannelore

Die Krise kann auch eine Chance sein. Die kleine Theatergruppe »Die Immoralisten« hat 2009, in einer Zeit, in der viele vieles verloren, eigene Räumlichkeiten gewonnen. In einem Gewerbehof im Stadtteil Stühlinger konnte die Truppe eine Halle mieten und für ihre Zwecke umbauen. Eigentlich sollte das Areal abgerissen werden, doch dann purzelten statt der Mauern die Börsenkurse. Das Neubauprojekt wurde auf Eis gelegt, und einer der ehemaligen Mieter kaufte den Gewerbehof und vermietete an kreative kleine Betriebe. Und voilà, die Immoralisten hatten ihr Theater. Klein, aber immerhin eine feste Spielstätte.

Zunächst war alles noch ziemlich improvisiert. Der ehemalige Gewerbebetrieb war in der Halle omnipräsent, weshalb der Theaterraum einen ziemlich spröden Charme versprühte. Und auch dem Sitzfleisch der Zuschauer wurde auf Stühlen jenseits sämtlicher ergonomischer Erkenntnisse einiges abverlangt. Doch das war angesichts des Programms schnell vergessen. Das Spektrum reicht von leicht und witzig bis böse, krass und schonungslos. Immer wieder geht es in den Stücken um die deutsche Identität. Gespielt werden Klassiker und Eigenproduktionen, von Hamlet bis Hannelore, von Jekyll & Hyde bis Jedermann. Wer einen der rund 30 Plätze ergattern will, muss früh kommen.

Begonnen hat alles 2001 mit zwei Theaterfanatikern, die ihre Leidenschaft zum Beruf machten. Zum Namen und Konzept des Theaters inspirierte der französische Klassiker »Der Immoralist« von André Gide. Das Credo: Theater hat keinen moralischen Ansatz, es muss keine Lösungen servieren, sondern die richtigen Fragen stellen, es soll unter die Haut gehen, aber nicht vor den Kopf stoßen. Das Ensemble besteht aus einer Mischung von Profis und Amateuren aller Altersgruppen.

Adresse Ferdinand-Weiß-Straße 9–11, 79106 Freiburg-Stühlinger | ÖPNV Straßenbahnlinie 1, Haltestelle Eschholzstraße, dann zu Fuß bis zum Stühlinger Gewerbehof | Öffnungszeiten und Spielplan unter www.immoralisten.de | Tipp Vor dem Theaterbesuch lohnt es sich, durch den Gewerbehof Stühlinger zu bummeln. In diesem Soziotop für kreative Kleinbetriebe wuchern die Ideen nur so.

98 Der Turm

Das Wunder aus Stein

Elbphilharmonie, Stuttgart 21, Flughafen Berlin Brandenburg – als Großbaustellen sind das alles »Peanuts« im Vergleich zum Freiburger Münster. Stolze 300 Jahre betrug die Bauzeit. Und nach wie vor wird das fast 800 Jahre alte Bauwerk saniert, restauriert und repariert. Am zügigsten verlief bei dem Großprojekt der Turmbau. Die Arbeiten begannen um 1270. In einer Rekordzeit von rund 60 Jahren war der Turm fertig – als einziger gotischer Turm im Mittelalter. Der Sandstein stammte zum Teil von einem Steinbruch am Lorettoberg.

Als Marie-Antoinette 1770 auf ihrer Brautreise nach Frankreich in Freiburg Station machte, wurde der Münsterturm mit Tausenden Lichtern illuminiert, die mühevoll in luftigen Höhen platziert worden waren. Knapp 100 Jahre später nannte ihn der Basler Kunsthistoriker Jacob Burckhardt in einem Vortrag »schönster Turm auf Erden«, was die Freiburger noch heute mit Stolz erfüllt.

116 Meter und 261 Stufen hoch ist das Baukunstwerk der Superlative. Es beginnt in einem quadratischen Sockel, der sich ab der Sternengalerie zu einer offenen Oktogonhalle entwickelt und dann scheinbar schwerelos zum 46 Meter hohen, durchbrochenen Turmhelm emporstrebt. Das filigrane Wunder aus Stein wird im Inneren von Ringankern aus Eisen zusammengehalten. Diese herausragende künstlerische und architektonische Leistung wurde zum Vorbild für zahlreiche Türme von Kathedralen in ganz Europa.

Über Jahrhunderte trotzte der Münsterturm Blitzschlag, Stürmen, Schnee und Regen. Selbst die Bombennacht 1944 hat er überstanden. Als 2005 bei einem Sturm ein 50 Kilo schwerer Steinbrocken aus dem Mauerwerk brach und auf die Plattform stürzte, war klar, dass eine Materialermüdung eingesetzt hatte, und es begann eine längere Sanierungsphase. Für zwölf Jahre verschwand die Turmspitze unter Holzgerüsten und Sicherungsnetzen. Um rund 20 Prozent der Bausubstanz in luftiger Höhe auszutauschen, waren handwerkliches Können und Kletterkünste nötig.

Adresse Münsterplatz, 79098 Freiburg-Altstadt | ÖPNV Straßenbahnlinien 1, 2, 3, 4, Haltestelle Bertoldsbrunnen, über die Schusterstraße und die Eisenstraße zum Münsterplatz | Öffnungszeiten Münster Mo–Fr 7.30–18 Uhr, Sa 7.30–9.45 und 12.15–18 Uhr, So, Feiertage 13.30–18 Uhr | Tipp Ergreifend schön ist die Orgelmusik zur Marktzeit im Münster. Jeweils von Ende April bis zum 20. Dezember samstags von 10.30–10.55 Uhr und 11.30–11.55 Uhr.

99_Das Turmcafé

Es muss nicht immer Abriss sein

Muss eine stillgelegte Tankstelle unbedingt für die Nachwelt erhalten werden? Um diese Frage entwickelte sich ein Tauziehen der Extraklasse, als es 2006 darum ging, in der Zähringer Straße einen Wohnblock mit 200 Appartements zu errichten.

Die kleine, 1951 von dem Freiburger Architekten Wilhelm Schelkes als Anhängsel an ein Autohaus gebaute Tankstelle stand im Weg und sollte dem Großprojekt weichen. Zu dumm nur, dass sie damals bereits seit über 20 Jahren als »eines der qualitätsvollsten Beispiele« der Architektur der 1950er Jahre in Freiburg unter Denkmalschutz stand.

Die geschwungenen, dünnen Dachflächen aus Stahlbeton und die freitragende Wendeltreppe ins turmartige Obergeschoss machen den besonderen Wert der kleinen Tankstelle aus. Jahrelang krähte kein Hahn nach ihr, doch nun befand sie sich unversehens im Zentrum eines Interessenkonfliktes. Die Behörde pochte auf den Erhalt. Mit einer speziellen Glaskonstruktion sollte das Tankstellenensemble geschützt werden. Bauträger und Investor beantragten den Abriss. Eine Sanierung sei viel zu teuer. Schließlich einigte man sich auf einen Kompromiss. Auf die Glaskonstruktion wurde verzichtet, stattdessen bietet eine riesige Fensterscheibe nun Schutz vor Lärm und Abgasgestank der Zähringer Straße.

Vom Denkmalschutz vor der Abrissbirne gerettet, wurde aus der ehemaligen Tanke das Turmcafé, das sogar zum Wahrzeichen des gesamten Quartiers avancierte. Zu Recht. Das filigrane Tankstellentürmchen ist tatsächlich ein Schmuckstück inmitten der einförmigen Wohnblocks. Im Sommer lohnt es sich, auf der Freifläche unter dem ausladend geschwungenen Tankstellendach Platz zu nehmen. Am Konzept für den Winter wird noch gearbeitet. Dennoch ist das Turmcafé ungeachtet aller Querelen und Kompromisse ein Beispiel dafür, wie man mit kleinen, aber feinen architektonischen Perlen aus der jüngeren Vergangenheit umgehen kann.

Adresse Zähringer Straße 44, 79108 Freiburg-Brühl | ÖPNV Straßenbahnlinie 2, Haltestelle Hornusstraße | Tipp Das Turmcafé bildet eine Einheit mit einer Quartierskneipe. Der Außenbereich der ehemaligen Tankstelle wurde zu einem ganz besonderen Biergarten umfunktioniert. www.hier-und-jetzt-restaurant.de

100 Das Tusculum

Stiefkind am Schlossberg

Nur wenige Meter oberhalb der Schlossbergbahn gelangt man zum Tusculum, einem der kuriosesten Orte Freiburgs. Über Steintreppen kommt man auf zwei von Säulen begrenzte Terrassen, die ein kleines, fest verriegeltes Häuschen einrahmen. Das eigenwillige düstere Bauwerk hat etwas Verwunschenes. Außer ein paar durstigen Graffitikünstlern scheint selten jemand hierherzukommen. Dabei bieten die Terrassen ein Panorama über die Stadt, das bis zum neuen SC-Stadion reicht.

Eigentlich sollte es das Tusculum gar nicht geben. Der Bau von 1906 war sehr umstritten. Er beschäftigte die Gerichte und wurde schließlich eine Art Präzedenzfall für die Bebauung beziehungsweise Nichtbebauung des Schlossbergs. Angefangen hat alles mit dem Bauantrag von Ernst Nopper, seines Zeichens Geschäftsführer der Süddeutschen Nährmittelwerke. Er plante auf seinem Grundstück oberhalb der prächtigen neuen Panoramastraße (heute Burghaldenring) ein Haus. Die Stadt aber wollte den Schlossberg für die Naherholung sichern. Sie ergänzte diesbezüglich flugs den Bebauungsplan und lehnte den Antrag ab. Nopper klagte und reichte einen neuen Bauantrag ein. Nun sollte es »nur« ein größeres Gartenhaus aus Stein sein. Er berief sich dabei auf den Nachbarn, der ebenfalls ein Gartenhaus gebaut hatte, allerdings, wie sich herausstellte, ohne Genehmigung. Nach weiteren Absagen, Gutachten und Klagen vor dem Großherzoglichen Verwaltungsgericht kam es 1905 zum Kompromiss, dem die Stadt zähneknirschend zustimmte. Erlaubt wurde eine Pergola samt kleinem Gartenhäuschen. Nopper nannte es Tusculum. Seit dem 19. Jahrhundert war das die beliebte Bezeichnung für einen »behaglichen Rückzugsort«.

Als das Anwesen 1927 verkauft wurde, griff die Stadt zu und erwarb das ungeliebte Tusculum. Von da an gehörten ihr alle Grundstücke auf dem Schlossberg, und der Hausberg war – im Gegensatz etwa zum Lorettoberg – als Naherholungsgebiet gesichert.

Adresse Am Schlossberg, 79104 Freiburg | ÖPNV mit der Schlossbergbahn oder zu Fuß bis zum Restaurant Dattler, vom Burghaldenring in den Weg Am Schlossberg einbiegen, von hier aus nicht zu verfehlen | Tipp Wer es gepflegter haben will, dem sei eine Einkehr im Restaurant Dattler empfohlen. Auf der Terrasse lässt sich der Sonnenuntergang bei einem Glas badischen Weins perfekt genießen.

101 Die UB-Fassade

Eine blendende Überraschung

Der angeblich weltweit größte Monolith ist der Mount Augustus in Australien, ein gigantischer Fels inmitten des gleichnamigen Nationalparks. Je nach Sonnenstand leuchtet er in verschiedensten Rottönen. Der optisch größte Monolith in Freiburg ist die neue Universitätsbibliothek (UB) des Basler Architekturbüros Degelo. Wuchtig dominiert sie den Raum zwischen Stadttheater und Universität. Auch hier spielt der Stand der Sonne eine wichtige Rolle. Je nach Tageszeit und Wetterverhältnissen changiert die Glasfassade zwischen gedämpft anthrazit bis gleißend silbergrau. Letzteres führt dazu, dass sie zu einem Blendwerk wird, das Passanten zur Sonnenbrille greifen lässt und Autofahrer irritiert. Ab einem bestimmten Einfallswinkel der Sonne wird das blendende architektonische Highlight nun mit einem Banner verhüllt.

Bereits vor der Eröffnung polarisierte die neue UB heftig. Auf der einen Seite Empörung über das hermetisch schwarze Ungetüm, dessen einzige Korrespondenz mit der Umgebung darin besteht, dass sich diese in der 7.300 Quadratmeter großen Fassade aus Glas und Chromstahl spiegelt. Andere hingegen sind von den Proportionen begeistert und loben die Kompromisslosigkeit der Konstruktion und den Mut, diese inmitten der gefälligen Gründerzeit-Umgebung zu realisieren. Tatsächlich erinnert die Form des Bauwerks mit seinem äußerst sparsamen Einsatz an rechten Winkeln ein wenig an ein Origami-Falt-Kunstwerk.

Die Entstehungsgeschichte der neuen UB ist bemerkenswert. Wie ein Phönix aus der Asche entstand sie auf den staubigen Resten der 1978 eröffneten alten UB, die bis auf zwei Treppentürme abgetragen wurde. Diese bilden das Rückgrat des Neubaus. Dass sich das ökologische Konzept auf Green-City-Niveau bewegen soll, versteht sich von selbst. Etwas getrübt wurde die Begeisterung über den 2015 eröffneten Solitär durch zahlreiche Baumängel, die in juristische Auseinandersetzungen mündeten.

Adresse Platz der Universität 2, 79098 Freiburg-Altstadt | ÖPNV Straßenbahnlinie 1, 2, 3, 4, 5, Haltestelle Stadttheater | Öffnungszeiten voraussichtlich ab Anfang 2015 rund um die Uhr | Tipp Sehr cool ist es, sich in eine der Loungeliegen des Café Libresso im Außenbereich der UB zu fläzen. Hier kann man den Betrieb auf dem neu gestalteten Platz der Alten Synagoge und vor dem Theater überblicken.

102 Der Vergessene Mantel

Erinnerung an ein düsteres Kapitel

Auf den ersten Blick wirkt er ziemlich echt. Wie ein vergessener Mantel liegt er über dem Geländer vor der Wiwili-Brücke. Bei genauerem Hinsehen wird klar, dass es sich um eine Nachbildung handelt. Der Mantel ist in Bronze gegossen und soll an ein besonders düsteres Kapitel in der Geschichte erinnern. Auf den Bahngleisen direkt unter der Brücke spielten sich in der Nacht vom 21. auf den 22. Oktober 1940 tragische und für Freiburg beschämende Szenen ab. Auf Befehl der nationalsozialistischen Gauleitung wurden von hier aus jüdische Bürgerinnen und Bürger aus Freiburg und Gemeinden der Umgebung in das südfranzösische Konzentrationslager Gurs deportiert. Viele von ihnen kamen dort ums Leben oder wurden im Vernichtungslager Auschwitz ermordet. An sie soll der »Vergessene Mantel« erinnern.

Peinlich mutet im Nachhinein die Debatte an, die sich um die Errichtung des Mahnmals entzündete. Zunächst war das Projekt auf breite Zustimmung gestoßen. Eine Arbeitsgruppe befürwortete den Entwurf, der Kulturausschuss segnete ihn ab. Dann begann die öffentliche Diskussion. Man vermisste die Ausschreibung und den Wettbewerb. Als dann noch herauskam, dass nicht ein »ausgewiesener« Künstler, sondern der Leiter des Kulturamtes Schöpfer der Plastik war, kam ein neuer Aspekt in die Debatte: Kann ein Nichtkünstler überhaupt einen künstlerischen Entwurf abgeben? Und hat sich der Nichtkünstler womöglich allzu sehr von bereits vorhandenen Kunstwerken inspirieren lassen? Die Welle der Empörung ebbte schließlich wieder ab. Heute ist der »Vergessene Mantel« als Mahnmal unumstritten.

Ebenfalls zur Erinnerung an die Verschleppung der jüdischen Mitbürger wurde der Platz zwischen Stadttheater und dem Kollegiengebäude II der Universität, auf dem einst die Synagoge stand, in »Platz der Alten Synagoge« umbenannt. Ein Wegweiser, der Richtung Gurs weist, erinnert ebenfalls an die Verbrechen.

Adresse Wiwili-Brücke, 79098 Freiburg-Stühlinger | ÖPNV Straßenbahnlinien 1, 2, 3, 4, Haltestelle Hauptbahnhof | Tipp Zwischen Elsässer Straße und Rosbaumweg liegt der 1870 eröffnete Jüdische Friedhof von Freiburg, der als Kulturdenkmal geschützt ist. Hier erinnert ein Gedenkstein an die jüdischen Opfer des NS-Regimes.

103 Die Waldfahrstraße

Halbmarathon von Brünnlein zu Brünnlein

Womöglich ist die Waldfahrstraße Freiburgs unbekannteste Straße. Den Namen sollte man nicht allzu wörtlich nehmen, denn fahren dürfen auf der Straße bis auf wenige Ausnahmen nur Fahrräder. Ansonsten ist sie ein Eldorado für Spaziergänger und Jogger. Die Waldfahrstraße (auch Waldstraße genannt) beginnt in Herdern direkt hinter dem einstigen Gasthaus Jägerhäusle, heute Hotel Mercure, und führt als Höhenweg mit kleinen Unterbrechungen einmal um die halbe Stadt, von Herdern über den Hirzberg, die Oberau, Littenweiler, Wiehre, Günterstal bis zur Wonnhalde. 21 Kilometer – ein Halbmarathon durch prächtigen Mischwald, vorbei an Brunnen, Quellen und Aussichtspunkten. Liebhabern des Freiburger Münsters bietet diese ungewöhnliche Stadtumrundung immer wieder neue Perspektiven auf den »schönsten Turm auf Erden«.

Hoch zu Ross oder mit Einspännern promenierte man um die Jahrhundertwende auf der rund drei Meter breiten, von einem Bankett gesäumten Waldfahrstraße. Am 18. Juli 1907 nahm Oberbürgermeister Otto Winterer persönlich in der Kutsche Platz, um im Tross mit Pressevertretern und Honoratioren die neue Straße einzuweihen. Er erntete wahre Lobeshymnen, und das Echo im Blätterwald hätte nicht besser sein können. Von einer »herrlichen Rundfahrt, die von sämtlichen Waldstädten Deutschlands nicht überboten werden kann«, war die Rede und von »einer Sehenswürdigkeit ersten Ranges«.

Winterer wusste genau, warum er rund 100.000 Mark investierte, um aus einem Holzabfuhrweg eine Panoramastraße erster Güte zu machen. Die schicke neue Waldfahrstraße war Teil seines Masterplans, mit dem er den Zuzug begüterter Fremder forcieren wollte. Dass die Rechnung aufging, zeigt der Stadtteil Wiehre, in dem die Neubürger ihre Villen bauen ließen. Unter Winterers Führung entwickelte sich Freiburg nicht nur zur Großstadt, sondern auch zur Wohlfühlstadt, die Pensionisten und Touristen aus ganz Deutschland anzog.

Adresse Wintererstraße 89, 79104 Freiburg-Herdern | Anfahrt Startpunkt ist hinter dem Hotel Mercure in der Wintererstraße. Die Strecke führt über den Hirzberg und St. Ottilien zur Kartäuserstraße. Die nächste Etappe beginnt hinter dem Restaurant Waldsee und führt über Sternwald, Franzosenweg, St. Valentin, Kyburg, Bodlesau zur Wonnhalde. Quereinsteigen ist hier überall möglich. | Tipp Entlang der Waldfahrstraße liegen zahlreiche Sehenswürdigkeiten, die von der Pracht der Anfangsjahre zeugen. Dazu gehören die Hirschbrücke am Ortsausgang von Günterstal, der Schusterbrunnen, der Marxenbrunnen (Bild) und der Rehbrunnen.

104 Das Waldhaus

Sonntags auf dem Schneidesel

Normalerweise ist Sonntag frei, und das ist gut so. In der Sonntagswerkstatt im Waldhaus geht es dann erst richtig los. Da werden die Schnitzmesser ausgepackt, und man schwingt sich auf den Schneidesel, um frisches Grünholz zu bearbeiten. Oder man schnürt die Wanderstiefel und geht mit dem Förster auf die Pirsch. Das Waldhaus ist etwas für Neugierige und Abenteuerlustige, die gerne den Duft von Tannennadeln, Holz und Harz in der Nase haben. Einmal im Monat findet sonntags so etwas wie ein Tag der offenen Tür statt. Dann wird nicht nur gehobelt, dass die Späne fliegen, es gibt auch Kaffee und Kuchen, Bauernbrot und Speck.

Genau an der Stelle, an der hinter einer Schrebergartenanlage und Freiburgs größter Hundewiese die Stadt aufhört und der Wald beginnt, wurde 2008 das Waldhaus errichtet – als behördlich verordnete Ausgleichsmaßnahme für ein Waldstück, das andernorts einer Mülldeponie weichen musste. Das schlichte, lang gestreckte Holzgebäude schmiegt sich perfekt in die Landschaft. Es ist ausgestattet mit Seminarräumen, einer Etage für Ausstellungen, einem Waldlabor, Werkstätten und einer Cafeteria. Das Haus soll eine symbolische Schleuse von der Stadt in die Natur sein und die Stadtbewohner für den Wald, der Freiburg umgibt, begeistern. Es geht darum, Holz und Wald mit allen Sinnen erlebbar zu machen. Entsprechend vielversprechend ist das Kursangebot. Es reicht von Schnitzen über das Backen von Waldmeistertörtchen und Papierschöpfen bis hin zu so gewagten Aktionen wie Holzrücken mit Pferden.

Schon beim Eintreten in das Waldhaus duftet es nach Holz. Der feine Geruch stammt von den mächtigen Weißtannenstämmen, die für den Bau verwendet wurden. Weißtannen wachsen rund um die Stadt und liefern den für den Schwarzwald so typischen Rohstoff. Immerhin gehört Freiburg, dessen Gemarkungsfläche zu 43 Prozent aus Wald besteht, zu den waldreichsten Kommunen in ganz Europa.

Adresse Wonnhaldestraße 6, 79100 Freiburg-Wiehre | **ÖPNV** Straßenbahnlinie 2 Richtung Günterstal, Haltestelle Wonnhalde | **Öffnungszeiten** Di – Fr (März – Okt.) 10 – 17 Uhr, Di – Fr (Nov. – Feb.) 10 – 16.30 Uhr, So 12 – 17 Uhr (Waldhaus-Café). Im Januar ist das Waldhaus geschlossen. | **Tipp** Wer einmal so richtig zulangen will in Sachen Holzbearbeitung, der kann im Waldhaus sein eigenes Boot bauen. Jeden Herbst wird ein Bootsbaukurs angeboten, der regelmäßig mit einem Stapellauf in den benachbarten Weihern endet. Termin: www.waldhaus-freiburg.de.

105 Das Waldsee

Sommerfrische in der Stadt

So kann ein gelungener Sommernachmittag aussehen: erst eine Kahnpartie, dann Einkehr auf der Seeterrasse, anschließend Flanieren auf dem Uferweg. Und später vielleicht ein Livekonzert. Das »Waldsee« bietet Vergnügungen dieser Art schon seit über 130 Jahren. Es ist eines der traditionsreichsten Freiburger Ausflugslokale. In üppiger Schönheit breitet sich die Anlage neben dem Möslepark aus. Alte Bäume spiegeln sich im sattgrünen Wasser, ein Halbinselchen mit filigran geschmiedetem Pavillon ragt in den See, an der Uferböschung liegen Boote, und auf der Terrasse blitzen weiße Sonnenschirme. Nachmittags hat man gute Chancen, einen Platz am Wasser zu ergattern, abends braucht es etwas mehr Glück. Dann verjüngt sich das Publikum zusehends, was wohl auch an den moderaten Preisen und am Veranstaltungsprogramm liegt.

Im Sommer vermittelt das Waldsee einen Eindruck von der Zeit, als die Fahrt ins Blaue noch zum Sonntagsprogramm gehörte. Seine großen Tage hatte das Restaurant um die Jahrhundertwende. Damals gab es sogar eine Bahnstation ganz in der Nähe. Noch heute erinnert ein Wartehäuschen direkt an den Bahngleisen an diese glanzvollen Zeiten. Manche Besucher fuhren mit dem Einspänner vor und nahmen auf der Ausflugstour durch den Stadtwald eine kleine Stärkung im Waldsee.

Ursprünglich war der Weiher nur dazu da, um im Winter Eis für die Brauereien zu liefern. Doch dann entdeckten die Freiburger das Gelände für ihre stadtnahe Sommerfrische. Um das Wasser herum wurde eine kleine Parkanlage gestaltet, und findige Unternehmer stellten die ersten Buden auf, damit die Besucher nach dem Rudern Hunger und Durst stillen konnten. So kam die Sache ins Rollen. 1883 trat der Verschönerungsverein auf den Plan und spendierte der Stadt ein Gasthaus, womit die Bewirtung endlich ein festes Dach über dem Kopf hatte. Nach dem Waldsee wurde der gesamte Stadtteil benannt und sogar eine Fasnachtzunft, die Waldseematrosen.

Adresse Waldseestraße 84, 79117 Freiburg-Waldsee | **ÖPNV** Straßenbahnlinie 1, Haltestelle Musikhochschule, dann die Möslestraße entlang bis zur Waldseestraße | **Öffnungszeiten** www.waldsee-freiburg.de | **Tipp** Der Möslepark in direkter Nachbarschaft zum Waldsee ist eine der ältesten Parkanlagen der Stadt.

106 Waldtraut vom Mühlwald

Gemany's highest Superstar

Sie ist nicht mehr die Jüngste, und ihre Falten sind beachtlich. Dafür ist Waldtraut vom Mühlwald die Größte, genauer: der höchste Baum Deutschlands. Sie steht seit 1913 im Freiburger Stadtwald. In einem Kopf-an-Kopf-Rennen sicherte sich Waldtraut 2008 diesen Titel und verwies ihre Konkurrentin in Eberbach auf die Plätze. 63,33 Meter reckte sich die Douglasie damals gen Himmel und übertraf ihre Mitbewerberin um ganze 1,73 Meter.

Die Jury, bestehend aus Forststudenten der Universität Karlsruhe, ermittelte diese Daten mittels Lasertechnik. Bundesweit nahm sie Bäume ins Visier, bevor Waldtraut den Titel erhielt. Ob daraufhin im Freiburger Forst die Sektkorken knallten, ist nicht überliefert. Fest steht jedoch, dass alsbald die Schnitzmesser gewetzt wurden, um reichlich Wegweiser herzustellen, die seither Wanderer zielsicher über Stock und Stein zum höchsten Baum Deutschlands führen. Start ist am Waldhaus. Von hier verläuft der Weg parallel zum Ortsteil Günterstal, durchquert einen Mammutwald und steigt an bis zum Illerberg. Waldtraut steht in einem der schönsten Douglasienwälder Freiburgs und ist umgeben von ähnlich prachtvollen Artgenossen.

Am Ziel angekommen lädt ein Blick auf den enormen Stamm zum Staunen ein. Am besten staunt es sich, wenn man auf der aus einem Baumstamm herausgehauenen Liege zu Waldtrauts Füßen Platz nimmt und den Blick nach oben richtet, wo irgendwo zwischen Himmel und dichtem Geäst die Baumkrone zu vermuten ist. Trotz ihres Alters legt Waldtraut jährlich rund 30 Zentimeter zu und hat inzwischen die 66-Meter-Marke überschritten. Douglasien sind für Superlative bekannt und bei den Förstern beliebt. Die aus Nordamerika stammende Baumart wächst deutlich schneller und höher als heimische Nadelbaumarten und hält als Tiefwurzler Stürmen und Trockenheit besser stand. Gute Voraussetzungen, den Klimawandel einigermaßen zu meistern.

Adresse 79100 Freiburg-Günterstal | ÖPNV Straßenbahnlinie 2, Haltestelle Wonnhalde, dann Richtung Waldhaus und den Schildern folgen | Tipp Der Waldpark Wonnhalde hat mit kleinen Bachläufen, Seen, Baumstämmen zum Klettern und Wald viel Abenteuerpotenzial für Kinder, denen nasse Schuhe nichts ausmachen. Das Gelände ist rund 200 Meter vom Parkplatz Wonnhalde entfernt.

107 Das Wasserschlössle

Kulisse als Tarnung

Wer nachts von einer Dachterrasse im Stadtteil Wiehre in Richtung Sternwald blickt, entdeckt auf halber Höhe die beleuchtete Fassade des 1895 erbauten Wasserschlössle. Wie eine Theaterkulisse strahlt sie aus dem Wald heraus. Bei Tag muss man etwas genauer hinschauen, um das kleine Prunkstück zwischen Bäumen und Gebüsch zu erkennen.

Die »Schlössle«-Fassade ist pure Tarnung. Dahinter verbirgt sich ein profaner rechteckiger Hochbehälter für die Trinkwasserversorgung der Freiburger Oststadt. 45 Meter breit, 33 Meter tief und sechs Meter hoch. Das Innenleben besteht aus 3.800 Kubikmetern Wasser und moderner Technik. Eine klassische Schlossbesichtigung ist also nicht möglich. Dennoch lohnt das Wasserschlössle einen Besuch, denn von hier aus hat man einen wunderbaren Blick auf die Freiburger Altstadt inklusive Münsterturm.

Alle zwei Jahre öffnet zudem der örtliche Wasserversorger die »Schlosstore« und gewährt einen Blick hinter die Kulissen, den man sich nicht entgehen lassen sollte. Einst diente die Wiese über dem Wasserschlössle im Sommer sogar als Festplatz für besondere gesellschaftliche Events.

Die Entstehung der hübschen Fassade mit dem Trinkwasserbrunnen ist einigermaßen ungewöhnlich. Sie wurde schlichtweg »abgekupfert« und geht auf einen alten Stadtrodel zurück, der 1218 eine Art frühe Verfassung von Freiburg besiegelte. Er gehört zu den ältesten Stadtsiegeln Deutschlands und zeigt ein Stadttor mit zwei Türmen. 1245 wurde das Motiv um eine Stadtmauer mit drei Türmen, Zinnen und Wächtern erweitert und stand 650 Jahre später für das Wasserschlössle, wie wir es heute kennen Modell. Es ziert zudem die Amtskette des Bürgermeisters und wurde zu Pflastermosaiken verarbeitet. Und weil es gar so hübsch ist, schmückt das Wasserschlössle-Motiv sogar die Freiburger Kanaldeckel. So schöne Zugänge in die Unterwelt gibt es in nur wenigen Städten.

Adresse 79117 Freiburg-Wiehre | **ÖPNV** Das Wasserschlössle ist sogar mit dem Zug zu erreichen. Ab dem Bahnhof Wiehre geht es zu Fuß in die Türkenlouisstraße, dann über die Brücke und den ausgeschilderten Weg. Gehzeit circa 20 Minuten. | **Tipp** Wer hinter dem Wasserschlössle Richtung Sternwaldeck geht, kommt am Stephanienbrunnen vorbei. Das Wasser galt als so gut, dass die Fans es für den Hausgebrauch in Flaschen abfüllten.

108 Das Weinschlösschen

Betreten erlaubt

Eigentlich ist es ein Wunder: Das Weinschlösschen liegt zwischen Konzerthaus und Jazzhaus absolut zentral – und ist trotzdem ein ziemlich unbekannter Ort mitten in Freiburg. Dass man den parkartigen Garten der Gründerzeitvilla überhaupt betreten darf und dass sich hier sogar ein kleines Bistro befindet, weiß kaum jemand. Ganz zu schweigen von der Galerie für zeitgenössische Kunst, der Weinbibliothek und dem historischen Gewölbekeller, in dem regelmäßig Konzerte avantgardistischer Musik stattfinden. Das Weinschlösschen, das zum renommierten Weingut Dr. Schneider aus Müllheim-Zunzingen gehört, ist eine Entdeckung wert.

Der Wein prägte die Geschichte der 1874 von einem Weingroßhändler erbauten Villa. Folgerichtig stand am Anfang der Keller, genauer: ein mächtiges Backsteingewölbe für die kunstvoll geschnitzten Holzfässer, in denen allerdings kein badischer Wein, sondern Portwein reifen sollte. Sechs Meter Tiefgang, winzige Fenster zur Belüftung – optimale Bedingungen für edle Tropfen. Darüber wurde die markante Gründerzeitvilla gebaut. Das Kellergewölbe hat Kirchendimension und eine perfekte Akustik. Heute ist es einer der außergewöhnlichsten Konzerträume für Neue Musik in Freiburg. Regelmäßig gastiert hier das Ensemble Aventure, eines der ältesten Ensembles für Neue Musik in Europa.

Eine gewundene Treppe führt ins Foyer, das gleichzeitig als Bistro dient. Dem Wein ist man hier treu geblieben. Auf der Karte stehen die exzellenten Tropfen des Hausherrn, dazu Antipasti und andere Kleinigkeiten. Unaufgeregt, so lässt sich die Atmosphäre im Bistro am ehesten beschreiben. Über eine Freitreppe erreicht man den Park mit seinen uralten Baumriesen. Im Sommer ein exquisites Ambiente, um die frischen Markgräfler Weine zu genießen. Sehr stilvoll, sehr entspannt, die Stadt gleich hinter der Hecke ist plötzlich ganz weit weg. Dass keine 50 Meter entfernt der nächste Intercity hereinbraust – wen interessiert's.

Adresse Wilhelmstraße 17a, 79098 Freiburg-Altstadt | ÖPNV Straßenbahnlinien 1, 2, 3, 4, Haltestelle Hauptbahnhof, am Konzerthaus vorbei zur Wilhelmstraße | Öffnungszeiten Di–Fr 14–19 Uhr, Sa 11–16 Uhr und nach Vereinbarung unter www.weinschloesschen-freiburg.de | Tipp An seinem Hauptsitz in der Rosenbergstraße 10, 79379 Müllheim-Zunzingen, unterhält das Weingut Dr. Schneider Deutschlands einziges Museum für Weinetiketten. Es dokumentiert – zum Teil mit von Künstlern gestalteten Etiketten – 200 Jahre Weingeschichte, Tel. 07631/2915.

109 __ Der Westhoff-Laden

Wirtschaftswunder an der Brandmauer

Was macht ein Haus zum Denkmal? Türmchen, Simse, Stuck, Maßwerk und hohes Alter reichen nicht aus. Um den Denkmalschutz auf den Plan zu bringen, muss es sich um Kulturgut handeln, das typisch für eine bestimmte Zeit ist und in diesem Sinne ein kulturelles Erbe darstellt. So die Definition. Auf dem Weg durch die Freiburger Altstadt wird man von solch hochkarätigen Denkmalen förmlich erschlagen. Dass aber ein unscheinbarer einstöckiger Behelfsbau wie das Kaffeegeschäft Westhoff, das über und über mit Graffiti »verziert« ist, unter Denkmalschutz steht, das verwundert dann doch.

Wer die wenigen Meter von der Schusterstraße zum Münsterplatz geht, kommt unweigerlich an dem Laden vorbei, und sofort läuft im Kopf der Film über die 1950er Jahre ab. Rasch zusammengebaute Provisorien mit Dingen des täglichen Bedarfs zwischen Trümmerfeldern und Brandmauern. 1949 wurde der Behelfsbau zusammen mit vielen anderen seiner Art errichtet. Während über 70 Jahre später darum herum längst alles aufs Schönste aus den Ruinen auferstanden ist, blieb der kleine Laden in der Eisenstraße ein hartnäckiges Nachkriegs-Provisorium, das auf den Ruinen eines mehrstöckigen Hauses errichtet wurde. Wie durch ein Wunder hat es den Bauboom der 1960er und 1970er Jahre und sogar die verschiedenen Phasen der Stadtsanierung überlebt. Als Zeitzeuge des Neuanfangs im zerstörten Freiburg steht der Behelfsbau heute unter Denkmalschutz.

Das Schaufensterdekor verbreitet Wirtschaftswunder-Flair. Pyramiden aus Spirituosen, daneben Kaffeetüten und Süßigkeiten zwischen groß gemusterten Porzellantellern. Im Inneren begeistern kühn geschwungene Leuchtstoffröhren, nostalgische Waagen, Resopaltheken und -regale. Das Angebot entzückt nicht minder: edle Kaffee- und Schokoladensorten, echte Karlsbader Oblaten, Teegebäck, Bonbons im Glas und vieles, was es nur hier gibt. Wer hätte das von einem Behelfsladen gedacht!

Adresse Westhoff Kaffee, Eisenstraße 2, 79098 Freiburg | **ÖPNV** Straßenbahnlinien 1, 2, 3, 4, Haltestelle Bertoldsbrunnen, über die Schusterstraße zur Eisenstraße | **Öffnungszeiten** Mo–Fr 9–17 Uhr, Sa 9–14 Uhr | **Tipp** Ein weiterer Nachkriegs-Behelfsbau steht in der Adalbert-Stifter-Straße. In dem einfachen Holzhaus war 1946 eine Art Suppenküche für Kinder und Jugendliche untergebracht. Es ist das letzte Gebäude einer Barackensiedlung, die mit Spenden der Schweizer Quäker errichtet wurde.

110 Die Wetterbuchen

Überleben trotz Kuhmaul

Wenn im Winter ein eiskalter Westwind über den Schauinsland-Gipfel braust, wird klar, warum die knorrigen Buchen auch Wetterbuchen genannt werden. Seit Jahrhunderten trotzen die skurrilen Baumriesen Stürmen, Eis und Schnee. Zerzaust, mit Ästen, die sich wie Arme ineinander verschlingen und -winden, prägen sie die Landschaft auf dem 1.284 Meter hohen Hausberg von Freiburg. Eine Wanderung durch das Naturschutzgebiet mit dem ältesten Wetterbuchenbestand ist ein einzigartiges Erlebnis. 250 bis 300 Jahre werden die Giganten im Schnitt, manche älter. Ihr Umfang beträgt dann sieben Meter und mehr.

Das Leben der Wetterbuche, die auch Weidbuche heißt, ist ein einziger Überlebenskampf. Allein schon ihre Entstehung ist ein Kuriosum, denn eigentlich besteht jedes Exemplar aus mehreren Bäumen. Dabei handelt es sich um eine besondere Wuchsform der Rotbuche. Standort ist traditionell auf einer Kuhweide, meist mit Hinterwälder-Rindern, die nicht nur Appetit auf Gras haben, sondern auch an kleinen Gehölzen Geschmack finden. Die Rinder fressen die jungen Triebe und Blätter und trampeln die kleinen Büsche nieder. Doch die zähen Pflanzen treiben jedes Frühjahr neu aus. Sie wachsen aufgrund ihrer schwierigen Lebensbedingungen mehr in die Breite als in die Höhe, und im Laufe der Zeit wachsen so mehrere kleine Buchenbüsche, auch Kuhbüsche genannt, zusammen. Bis es so weit ist, vergehen bis zu 50 Jahre. Erst wenn das Kuhmaul die jungen Triebe nicht mehr erreicht, kann das Höhenwachstum beginnen.

Die knorzigen Weid- oder Wetterbuchen sind auch stumme Zeugen einer untergehenden Art der Landwirtschaft. Längst werden die Steilhänge des Schwarzwaldes nicht mehr so intensiv beweidet wie früher. Und wo das Kuhmaul fehlt, kann sich auch keine typische Weidbuche entwickeln. Deshalb sollen heute eine intensive Pflege und der Einsatz von Ziegen den Nachwuchs dieser einmaligen Baumart sichern.

Adresse Schauinsland, 79100 Freiburg | Anfahrt Mit dem Pkw oder der Schauinslandbahn zum Schauinsland, von der Bergstation zu Fuß Richtung Rappenecker Hütte. Die ersten Wetterbuchen tauchen bereits nach wenigen Metern auf. | Tipp Wer sich auf die Spuren der Wetterbuchen begeben will, kann an einer Expedition teilnehmen, die durch das Naturschutzgebiet zu den markantesten Exemplaren führt, im Winter als Schneeschuhtour. Termine unter www.natourpur schauinsland.de.

111 Die Wolfshöhle

Vom Elendsviertel zum Edelviertel

Klapprige Fensterläden, schiefe Hoftore, düstere, feuchte Wohnungen und viel Leben auf der Gasse. So sah die Konviktstraße, eine der ältesten Straßen der Stadt, noch in den 1950er Jahren aus. Sie galt als sozialer Brennpunkt und »Sanierungsfall«. Bis Anfang der 1970er Jahre die Bagger anrückten und rund 50 historische Gebäude abrissen, um dem vierspurigen Schlossbergring und einem Parkhaus Platz zu machen. Der Rest der alten Häuser wurde schick saniert. Von vielen wird die Konviktstraße heute als Paradebeispiel für gelungene Stadtsanierung gefeiert. Wer durch die Bilderbuchgasse mit ihren edlen Boutiquen flaniert, ahnt nicht, auf welch berüchtigtem Pflaster er sich bewegt.

Im Mittelalter hieß das gesamte Quartier Wolfshöhle und machte offenbar seinem Namen alle Ehre. Die obere und untere Wolfshöhle galten als finstere Orte, eine Rotlichtmeile, wo der Henker wohnte und allerlei zwielichtige Gestalten Unterschlupf fanden. Eine Art Chronologie des einstigen Schmuddelquartiers ist an der Treppe zu finden, die zum Schlossbergsteg neben dem Parkhaus führt. Die Betonreliefs stammen von Emil Wachter, der auch die Autobahnkirche Baden-Baden gestaltet hat. Sie zeigen Alltagsszenen aus dem mittelalterlichen Wolfshöhlen-Kiez. Dralle Huren, grobschlächtige Typen mit wilden Fratzen und dazwischen immer wieder der Wolf, der heimtückisch aus seiner Höhle grinst. Die Figur soll weniger an die Wölfe erinnern, die einst auf dem Schlossberg heulten, als vielmehr an das, was den naiven Besucher in diesem Viertel einst erwartete.

Eine Wolfshöhle gibt es hier immer noch. Sie befindet sich gegenüber dem Schlossbergsteg. Eigentümer ist kein reißendes Tier, sondern die Erzdiözese Freiburg. In den 1970er Jahren war die Wolfshöhle eine verrauchte, aber geschätzte Studentenspelunke. Nach der Sanierung hielt die feine italienische Küche Einzug, die 2015 erstmals mit einem Michelin-Stern geadelt wurde.

Adresse Konviktstraße, 79098 Freiburg-Altstadt | ÖPNV Straßenbahnlinie 1, Haltestelle Oberlinden, vor dem Schwabentor geht es in die Konviktstraße | Öffnungszeiten Restaurant Wolfshöhle: wolfshoehle-freiburg.de. Die eindrucksvollen Reliefs von Emil Wachter auf dem Schlossbergsteg sind immer zu besichtigen. | Tipp Emil Wachter hat auch die Fenster der Seminarkirche des Collegium Borromäum in der Schoferstraße entworfen.

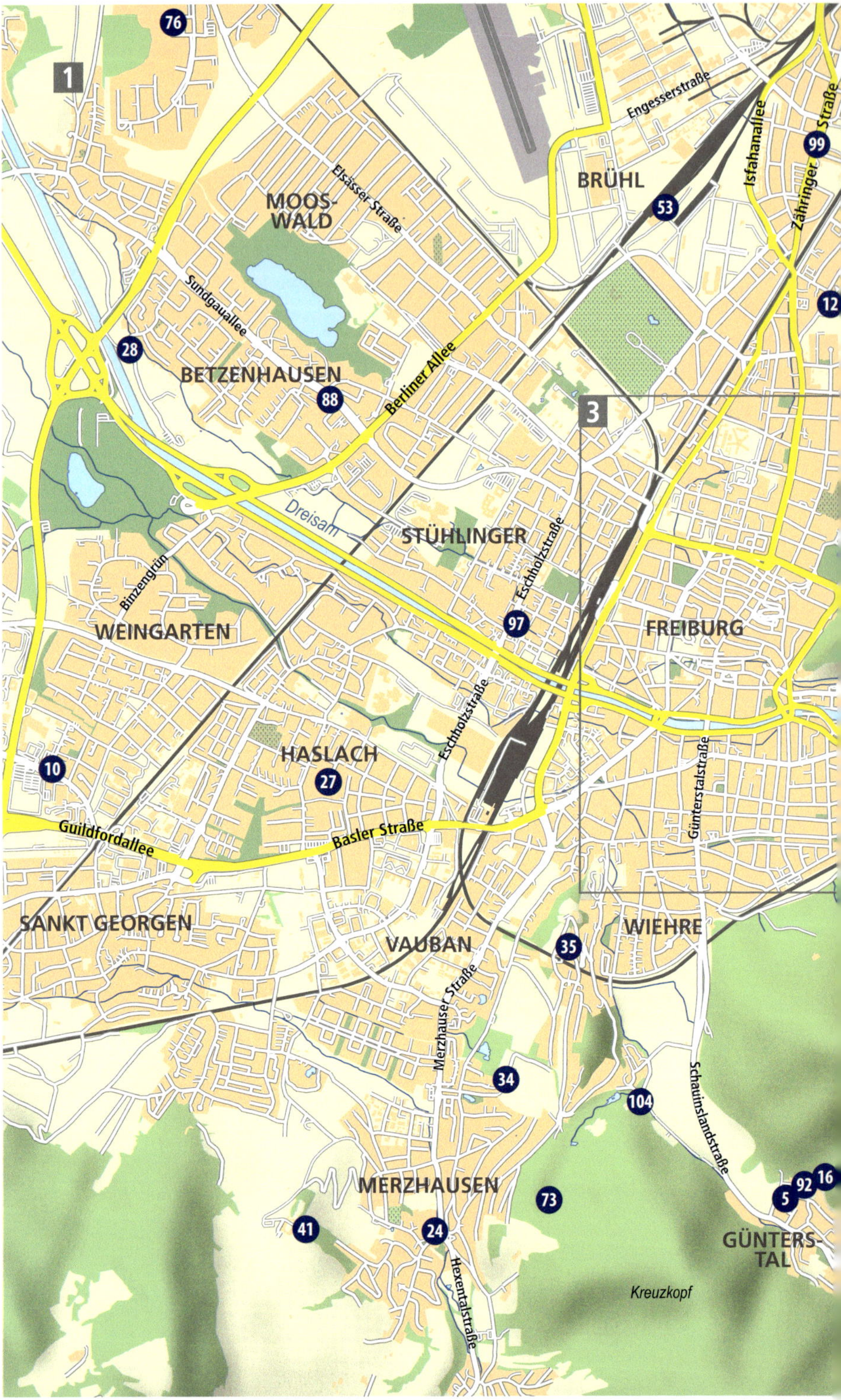
1
3
MOOS-
WALD
BRÜHL
BETZENHAUSEN
STÜHLINGER
WEINGARTEN
FREIBURG
HASLACH
SANKT GEORGEN
VAUBAN
WIEHRE
MERZHAUSEN
GÜNTERS-
TAL
Kreuzkopf
Dreisam
Elsässer Straße
Engesserstraße
Isfahanallee
Zähringer Straße
Sundgauallee
Berliner Allee
Binzengrün
Eschholzstraße
Guildfordallee
Basler Straße
Güntertalstraße
Merzhauser Straße
Schauinslandstraße
Hexentalstraße
76
99
53
12
28
88
97
10
27
35
34
104
73
41
24
5
92
16

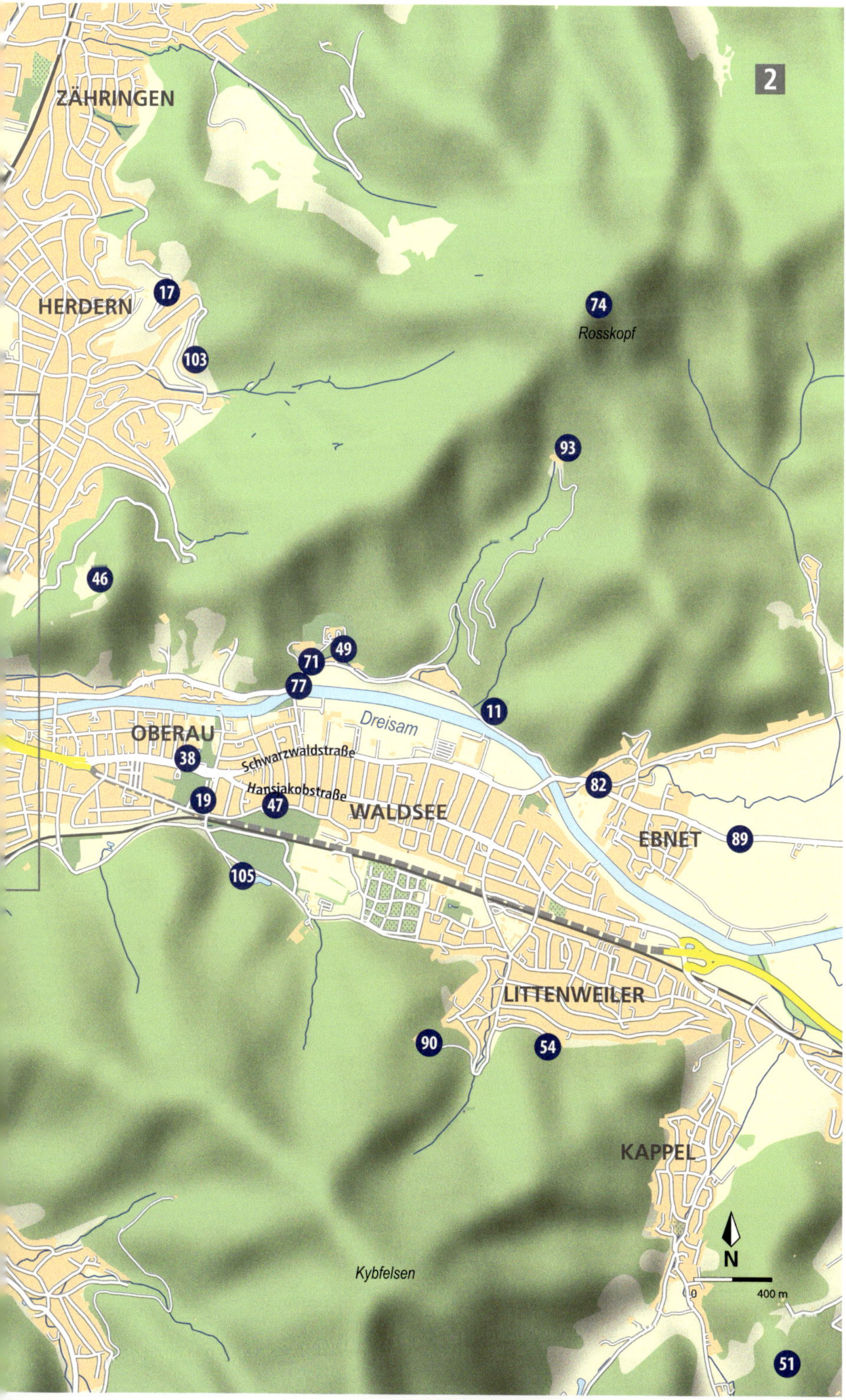

2
ZÄHRINGEN
HERDERN
17
103
74
Rosskopf
93
46
49
71
77
11
Dreisam
OBERAU
38
Schwarzwaldstraße
Hansjakobstraße
19
47
WALDSEE
82
EBNET
89
105
LITTENWEILER
90
54
KAPPEL
N
0
400 m
Kybfelsen
51

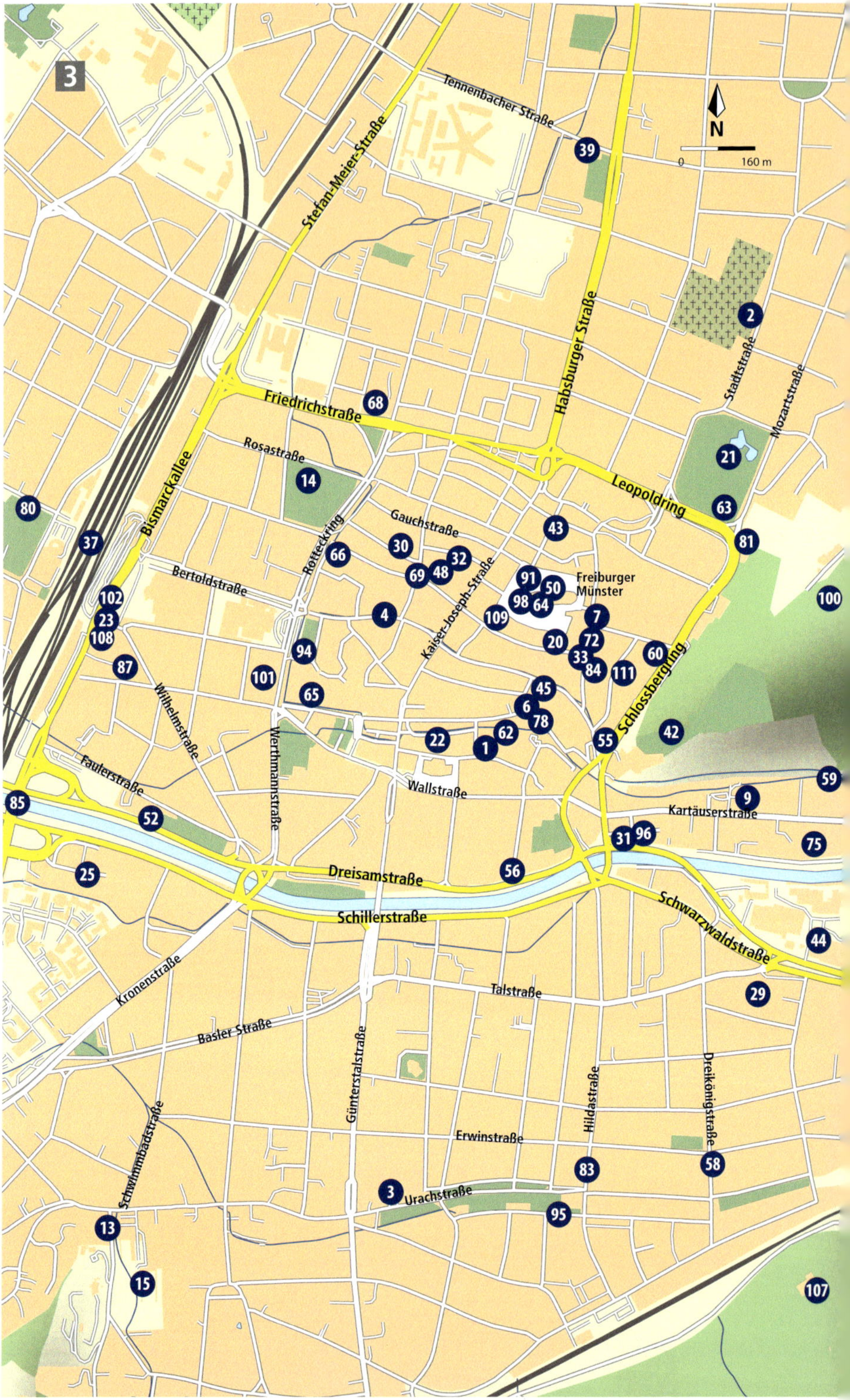
3
N
0
160 m
Tennenbacher Straße
Stefan-Meier-Straße
Habsburger Straße
Stadtstraße
Mozartstraße
Friedrichstraße
Rosastraße
Leopoldring
Bismarckallee
Gauchstraße
Rotteckring
Kaiser-Joseph-Straße
Freiburger Münster
Bertoldstraße
Schlossbergring
Wilhelmstraße
Werthmannstraße
Faulerstraße
Wallstraße
Kartäuserstraße
Dreisamstraße
Schillerstraße
Schwarzwaldstraße
Kronenstraße
Talstraße
Basler Straße
Günterstalstraße
Hildastraße
Dreikönigstraße
Erwinstraße
Urachstraße
Schwimmbadstraße
39
2
68
21
63
81
14
80
37
43
66
30
32
69
48
91
50
98
64
100
102
23
108
4
109
7
72
20
33
84
111
60
94
87
101
65
45
6
78
62
22
1
55
42
59
85
52
9
31
96
75
25
56
44
29
58
83
3
95
13
15
107

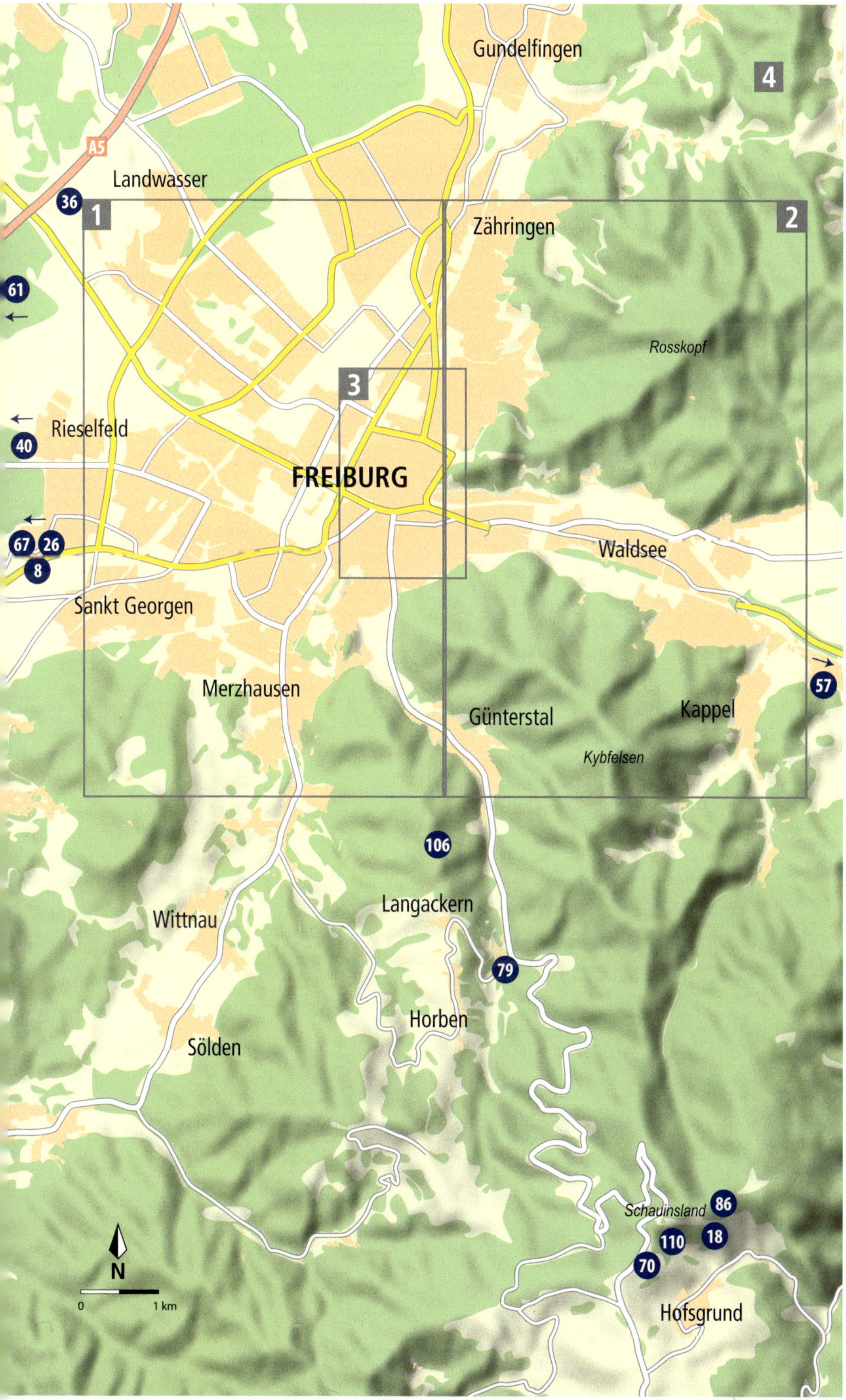

Gundelfingen
4
A5
Landwasser
36
1
Zähringen
2
61
Rosskopf
3
Rieselfeld
40
FREIBURG
67
26
8
Waldsee
Sankt Georgen
57
Merzhausen
Günterstal
Kappel
Kybfelsen
106
Langackern
Wittnau
79
Horben
Sölden
Schauinsland
86
110
18
70
N
0
1 km
Hofsgrund

Barbara Riess
111 Schätze der Kultur im Schwarzwald, die man gesehen haben muss
ISBN 978-3-7408-0555-5

Gabriele Kalmbach
111 Orte in Stuttgart, die man gesehen haben muss
ISBN 978-3-7408-0974-4

Barbara Goerlich
111 Orte in und um Reutlingen, die man gesehen haben muss
ISBN 978-3-7408-1085-6

Daniela Bianca Gierok,
Ralf H. Dorweiler
111 Orte im Südschwarzwald, die man gesehen haben muss
ISBN 978-3-7408-1082-5

Erwin Ulmer
111 Orte in Oberschwaben, die man gesehen haben mus
ISBN 978-3-7408-0860-0

Barbara Goerlich
111 Orte auf der Schwäbischen Alb, die man gesehen haben muss
ISBN 978-3-7408-0880-8

Ute Blessing
111 Orte im Remstal, die man gesehen haben muss
ISBN 978-3-7408-0475-6

Cornelia Lohs
111 Orte in Mannheim, die man gesehen haben muss
ISBN 978-3-7408-0554-8

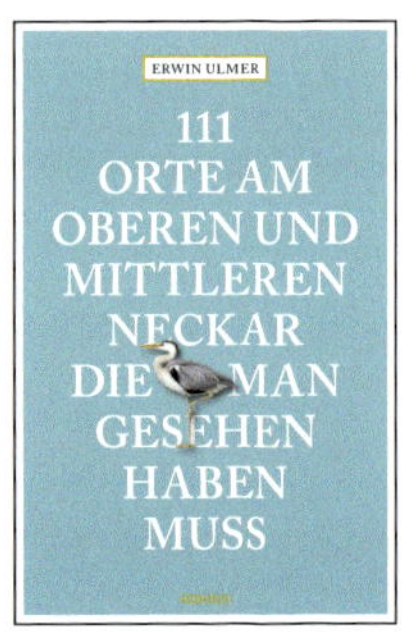

Erwin Ulmer
111 Orte am oberen und mittleren Neckar, die man gesehen haben muss
ISBN 978-3-7408-0364-3

Karin Blessing
111 Schätze der Natur im Schwarzwald, die man gesehen haben muss
ISBN 978-3-95451-701-5

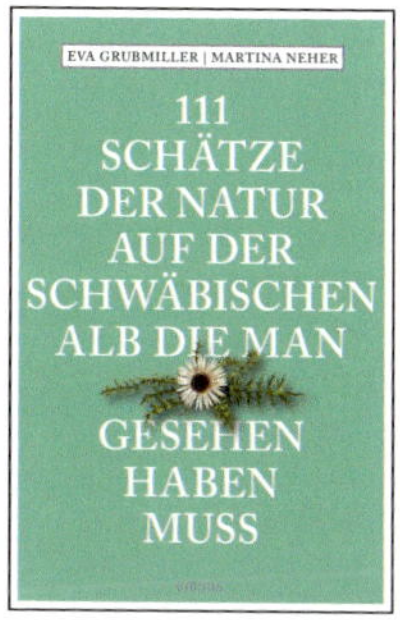

Eva Grubmiller, Martina Neher
111 Schätze der Natur auf der Schwäbischen Alb, die man gesehen haben muss
ISBN 978-3-7408-0248-6

HP Mayer
111 Orte in Heidelberg, die man gesehen haben muss
ISBN 978-3-7408-0246-2

Katharina Sommer
111 Orte in und um Tübingen, die man gesehen haben muss
ISBN 978-3-95451-852-4

Erwin Ulmer
111 Orte in Ulm, um Ulm und um Ulm herum, die man gesehen haben muss
ISBN 978-3-95451-856-2

Gabriele Kalmbach
111 Orte im Stuttgarter Umland, die man gesehen haben muss
ISBN 978-3-95451-855-5

Françoise Hauser
111 Orte im Heilbronner Land, die man gesehen haben muss
ISBN 978-3-95451-842-5

Barbara Krull
111 Orte am Kaiserstuhl, die man gesehen haben muss
ISBN 978-3-95451-562-2

Kirsten Elsner-Schichor, Rainer Bodemer
111 Orte in Karlsruhe, die man gesehen haben muss
ISBN 978-3-95451-593 6

Marion Rapp
111 Schätze der Natur rund um den Bodensee, die man gesehen haben muss
ISBN 978-3-95451-619-3

Erwin Ulmer
111 Orte an der oberen Donau, die man gesehen haben muss
ISBN 978-3-95451-494-6

Gertrud Steiger, Joachim Steiger
111 Orte im Kraichgau, die man gesehen haben muss
ISBN 978-3-95451-232-4

Dietlind Castor
111 Orte am Bodensee, die man gesehen haben muss
ISBN 978-3-7408-1098-6

Thomas Baumann
111 Orte in der Kurpfalz, die man gesehen haben muss
ISBN 978-3-89705-891-0

Gertrud Steiger, Joachim Steiger
111 Orte im Odenwald, Spessart und an der Bergstraße, die man gesehen haben muss
ISBN 978-3-7408-0878-5

Cornelia Ziegler, Alfred Hössl
111 Orte in und um Baden-Baden, die man gesehen haben muss
ISBN 978-3-7408-0134-2

Mercedes Korzeniowski-Kneule
111 Orte in Basel, die man gesehen haben muss
ISBN 978-3-95451-702-2

Barbara Saladin
111 Orte in Baselland, die man gesehen haben muss
ISBN 978-3-7408-0122-9

Ursula Kahi
111 Orte im Aargau, die man gesehen haben muss
ISBN 978-3-95451-537-0

Oliver Schröter, Falk Saalbach
111 Orte in Zürich, die man gesehen haben muss
ISBN 978-3-95451-538-7

Cornelia Lohs
111 Orte in Bern, die man gesehen haben muss
ISBN 978-3-95451-669-8

Jo Berlien, Sabina Paries
111 Orte in Straßburg, die man gesehen haben muss
ISBN 978-3-7408-0576-0

Barbara Krull
111 Orte im Elsass, die man gesehen haben muss
ISBN 978-3-95451-596-7

Corinne Päper, Georg Holubec
111 Orte in Winterthur, die man gesehen haben muss
ISBN 978-3-7408-0237-0

Lust auf mehr? Laden Sie sich die »LChoice«-App runter, scannen Sie den QR-Code und bestellen Sie weitere Bücher direkt in Ihrer Buchhandlung.

LChoice
Hier bestellen

Barbara Riess studierte Romanistik und Germanistik in Freiburg und Marseille. Heute organisiert sie Events und arbeitet als Autorin, selbstständige Journalistin und Fachfrau für Presse- und Öffentlichkeitsarbeit. Sie lebt im Dreisamtal, direkt vor den Toren Freiburgs.